HISTOIRE

DE

LA MAISON ROYALE

DE LUSIGNAN

PAR

Le Chanoine PASCAL

VICAIRE GÉNÉRAL HONORAIRE D'ANTIOCHE

Membre de l'Académie royale héraldique d'Italie,
Membre de la Société de Statistique des Bouches-du-Rhône,
Officier de divers Ordres.

POUR LOYAUTÉ MAINTENIR

PARIS

LÉON VANIER, LIBRAIRE-ÉDITEUR, 19, QUAI SAINT-MICHEL

1896

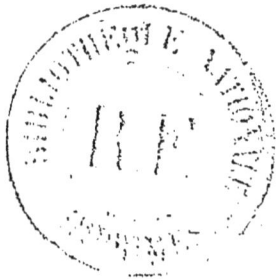

HISTOIRE

DE LA

MAISON ROYALE DE LUSIGNAN

On Steel by John Sartain, Philadelphia.

H. R. H. The Princess Marie de Lusignan
of Jerusalem, Cyprus and Armenia.

HISTOIRE

DE

LA MAISON ROYALE

DE LUSIGNAN

PAR

Le Chanoine PASCAL

VICAIRE GÉNÉRAL HONORAIRE D'ANTIOCHE

Membre de l'Académie royale héraldique d'Italie,
Membre de la Société de Statistique des Bouches-du-Rhône,
Officier de divers Ordres.

PARIS

LÉON VANIER, LIBRAIRE-ÉDITEUR, 19, QUAI SAINT-MICHEL

—

1896

PRÉFACE

———

On croyait généralement, au xvɪᵉ siècle, que la famille des Lusignans n'était représentée que par la branche française, établie dans la Vienne, et que la branche des Lusignans, dits d'Outre-Mer, s'était éteinte en 1474 avec l'infortuné jeune roi Jacques III, fils de Catherine Cornaro et de Jacques le Bâtard, qui avait usurpé le trône de Chypre à Charlotte, fille unique et seule héritière du roi Jacques II. Le fait même de la transmission des droits politiques de cette reine aux trônes de ses aïeux dans la descendance de son beau-frère et cousin germain, le duc de Savoie, semblait confirmer cette croyance.

Il n'en était rien cependant. Les Lusignans d'Outre-Mer étaient représentés en 1570 par Pierre de Lusignan, chef de la branche cadette. Ce prince, par suite de l'empoisonnement de l'infortuné Jacques III, dernier représentant de la branche directe, héritait de tous les titres et prérogatives de ses collatéraux, par suite du testament de Jacques II. Et si ce prince et ses descendants vécurent, durant des siècles, dans le silence, sans s'illustrer comme leurs aînés par des hauts faits, ce fut la position très délicate dans laquelle ils se trouvèrent vis-à-vis des vainqueurs qui en fut cause. En effet, sous le gouvernement soupçonneux et inquiet de Venise, et ensuite sous la tyrannie barbare des Turcs, ils étaient considérés comme des conspirateurs cherchant sans cesse à rétablir leur dynastie. Aussi étaient-ils obligés de vivre soigneusement à l'écart de toute politique, et d'éviter tout ce qui pouvait rappeler leur existence même à des gouvernements capables de les supprimer sous le prétexte le plus futile, pour ne s'occuper que d'exploiter les propriétés foncières considérables qu'ils possédaient dans l'île de Chypre.

Néanmoins, dans les grandes bibliothèques, diverses monographies et maints mémoires confirmaient la survivance des Lusignans, non seulement dans le siècle de la domination vénitienne, mais encore après la conquête des Ottomans.

Parmi les manuscrits Arunde, au British Museum de Londres, sous le n° 518, se conserve la chronique grecque de Georges Bustron, capitaine de Pendaïa, à l'ouest de l'île de Chypre, et contemporain des quatre derniers souverains de la Maison de Lusignan.

L'auteur, à la page 69, cite le testament de Jacques II, dont nous avons parlé plus haut. Un siècle après, le Père Étienne de Lusignan, de la royale Maison de Chypre, fait la description de l'île et l'histoire de ses souverains jusqu'à son départ pour l'Europe, en 1572. On trouve enfin à Turin des lettres adressées en 1611 au comte de Monbasile, gentilhomme de Charles-Emmanuel Ier, duc de Savoie, par Christodoulos de Lusignan, archevêque grec de Chypre ; ces lettres traitent d'un projet pour la libération de l'île qui gémissait sous le joug des Turcs. M. le comte de Mas-Latrie, dans son *Histoire de Chypre sous le règne des Princes de la Maison de Lusignan*, ouvrage couronné par l'Académie des Inscriptions et Belles-Lettres, met au jour plusieurs manuscrits du temps de la domination vénitienne, conservés à la bibliothèque de Saint-Marc de Venise, dans lesquels il est dit que parmi les principaux propriétaires et seigneurs de l'île, se trouvaient au xvie siècle des membres de la Maison de Lusignan.

Toutefois, malgré le recueillement des princes de Lusignan, le prestige de ce grand nom était si considérable en Europe, qu'à diverses reprises d'audacieux aventuriers essayèrent de l'exploiter à leur profit, notamment en 1876 un nommé Hovsep (Joseph) Hovhannissian, né à Java (1), qui se disait descendant direct de Léon VI, dernier roi d'Arménie, mort à Paris en 1393. Après avoir fait beaucoup de dupes, cet aventurier se trahit par une ignorance énorme de l'histoire. La Providence ne permit point que sa cause injuste triomphât. Il subit diverses condamnations et mourut de misère à l'hôpital de Milan — juste châtiment de son audace singulière et de sa mauvaise foi.

Cet incident avait obligé les véritables princes de Lusignan à sortir de leur réserve. Un procès se plaida à ce sujet devant les tribunaux de Paris, qui rétablit la vérité. D'autre part, un concours de circonstances fortuites, jointes à l'installation de Victor Hugo dans un hôtel appartenant à la famille, ont mis complètement en lumière les princes de Lusignan. Le prestige personnel, les talents et les vertus de la princesse Marie ont contribué puissamment à rehausser l'éclat de cette grande famille, restée si longtemps dans l'oubli.

Les meilleures causes ici-bas sont toujours soumises à la contradiction, mais la vérité finit par triompher! Les préjugés amassés par l'ignorance

---

(1) *Une Conférence sur l'Histoire d'Arménie*, par Édouard Dulaurier, membre de l'Institut, p. 81.

ou la jalousie autour des Lusignans disparaissent de jour en jour, et l'auguste descendant des rois de Jérusalem, de Chypre et d'Arménie reçoit de toutes parts, avec les honneurs dus à son rang, le respect et la reconnaissance que ses mérites lui ont acquis. Retracer l'histoire de cette antique et royale Maison que le spirituel et savant Pierre Brantôme, diplomate et courtisan de Charles IX, n'hésitait pas à déclarer la plus illustre et la plus noble de l'Europe, et qui vient de reprendre son éclat dans notre France, où elle a puisé son origine, tel est le but que je me propose dans ce modeste écrit. Puisse la vérité, qui m a toujours servi de guide, apparaître complètement aux yeux de mes lecteurs.

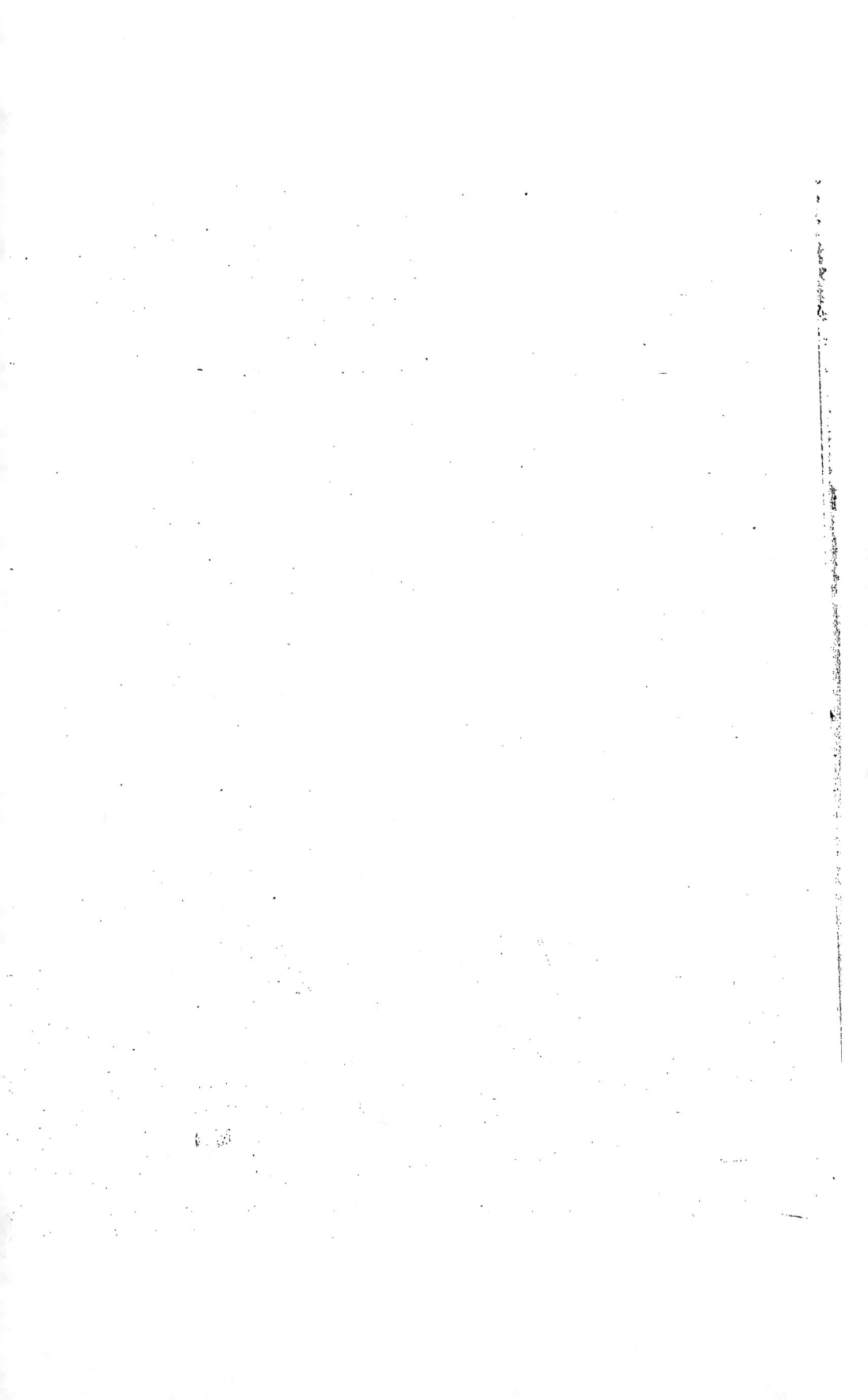

HISTOIRE

DE LA

MAISON ROYALE DE LUSIGNAN

CHAPITRE PREMIER

Origine des Lusignans. — Ordre de Sainte-Catherine-du-Mont-Sinaï.
— Guy de Lusignan, roi de Jérusalem. — Ordre de Mélusine. —
Prise de Jérusalem par les Turcs. — Guy de Lusignan, roi de
Chypre. — Ordre de l'Épée.

Raymondin de Forez, originaire du Poitou, est le premier chef de la Maison de Lusignan; sa femme, Mélusine, a inspiré les poètes de la France et de l'Allemagne.

Origine des Lusignan[s]
le château de Lu[si]
gnan; légende de
féo Mélusine.

Au xe siècle, Hugues Ier, dit le Veneur, contemporain de Louis d'Outre-Mer, est à la tête de la noble famille; c'est sous son fils, Hugues II, dit le Bien-Aimé, que le château de Lusignan fut construit. Ses descendants avaient pris le titre de sires de Lusignan; leurs exploits glorieux sont relatés dans le poème de Jean d'Arras et dans les récits de Froissart.

Le fameux manoir des Lusignans, dont les remparts ont, pendant des siècles, tenu en échec l'autorité des rois de

France, fut enfin pris par le duc de Montpensier en 1575 et détruit; il n'en reste aujourd'hui que des ruines.

Voici cependant quelques détails rétrospectifs sur cette demeure :

Située près de la ville de Lusignan qu'elle dominait, elle était entourée d'une triple enceinte de murailles hautes de dix pieds. Un large et profond fossé d'eau séparait la première enceinte de la seconde, et un espace vide d'au moins deux cents pas, la seconde de la troisième. Ces trois murailles, et en particulier la première, étaient flanquées de tours surmontées d'un parapet crénelé et de nombreuses échauguettes. Les tours fortes et élancées, en forme de cônes tronqués, servaient de magasins, de casernes contenant les munitions ou dépôts d'armes, et protégaient les poternes percées à leur pied. En avant du château, et faisant face à la ville, était un bastion dit Porte-Geoffroy, dont le fronton était décoré d'une grossière sculpture représentant Geoffroy à la Grande-Dent, ce qui fit, à tort, attribuer la fondation du château à ce seigneur. Les armes des premiers Lusignans, burellées d'argent et d'azur, surmontaient ce buste imparfait.

En franchissant les deux enceintes, on arrivait à la tour Poitevine, communiquant avec la basse-cour où se trouvaient les écuries, plusieurs puits, une mare profonde et les logements des valets.

Au milieu, vers l'ouest, se dressait sur une motte artificielle, mais élevée, le donjon. Une muraille l'entourait encore, et son front élevé, surmonté d'un casque étincelant, symbole d'hospitalité, dominait non seulement le castel, mais encore le pays à une grande distance.

Le donjon était une tour carrée, avec des tourelles aux quatre angles ; ces tourelles contenaient les escaliers, et l'une d'elles, un puits appelé Puits du Désespoir, parce qu'on n'en

Château de Lusignan.

Ce dessin est extrait de la Bibliothèque nationale, à la topographie de la France, département de la Vienne, 3e arrondissement de Poitiers, 2e volume au département des estampes.

connaissait pas le fond. Le beffroi, qui couronnait le centre
et la plate-forme, renfermait la cloche, qu'on agitait en cas
d'alarme.

A Lusignan, les croisées étaient larges, hautes, et, afin
d'y conserver la lumière, le mur avait été taillé en biseau à la
partie supérieure de l'ouverture. Mais au rez-de-chaussée
était la salle des Aïeux, longue galerie, aux tentures sombres,
sur lesquelles se détachaient les statues grossières et raides
de la lignée des Lusignans. Le jour venait, à travers les petits
vitraux plombés, surchargés de peintures, éclairer comme à
regret, de lueurs inégales, ce séjour monotone. Tout y était
sombre : les boiseries de chêne noirci, les armes de fer, les
armures toutes montées, accrochées derrière chaque statue,
pouvaient faire supposer que le guerrier allait agir et marcher.

Jamais le soleil n'avait pénétré dans cette salle où l'on
aspirait, en entrant, l'air humide et pénétrant des caves.

La chapelle, unie au donjon par une partie du promenoir,
élevait dans les airs son clocher dont la délicatesse faisait un
contraste agréable avec le reste du château.

La cour d'honneur s'étendait devant le donjon, tandis que
de l'autre côté se montrait la tour de Mélusine, haute de deux
cent seize pieds, et surmontée des fameux créneaux sur lesquels la fée traînait ses voiles blancs et se lamentait lors d'une
catastrophe prochaine. On voyait, à quelque distance, une
fontaine naturelle joliment ombragée de saules au feuillage
éploré, et maintes fois Mélusine s'y était, dit-on, baignée ;
aussi ne tarissait-on pas dans le pays sur les propriétés
merveilleuses de la source et sur les faits étranges dont elle
avait été le témoin.

Un événement récent avait surtout impressionné les
esprits : la Kône s'étant trouvée à sec pendant les grandes
chaleurs, les femmes de Lusignan sollicitèrent de la comtesse

la permission de laver leur linge dans la fontaine ; mais le
linge qu'elles en retirèrent était devenu sorcier, et il s'envola

de leurs mains avant leur retour au logis ; de plus, les varlets
et guetteurs assurèrent avoir failli mourir de peur, la nuit
suivante, en voyant des lavandières ailées raser les eaux de la
fontaine et battre follement un linge de l'autre monde. Depuis

ce jour, chacun évitait la source merveilleuse, bien qu'à la prière de la comtesse le chapelain l'eût exorcisée.

On prétendait encore que la tour de Mélusine donnait accès dans un souterrain conduisant jusqu'à Poitiers, mais nul n'y avait jamais pénétré, et d'aucuns disaient même tout bas, que la fée, n'ayant jamais pu mourir, y restait captive, le jour, et le quittait, la nuit, pour aller s'ébattre sur les créneaux.

La fée était sensible à la musique. On racontait qu'une fois, à la tombée du jour, le comte était venu avec les pages autour de la fontaine, il se mit à chanter une ballade, et, pendant qu'il chantait, on vit l'eau s'agiter, et il s'en échappa comme une vapeur blanche qui, prenant forme, devint la fée elle-même; elle se balança sur l'eau avec la grâce d'une fleur agitée par le vent; puis, quand le comte eut fini, elle disparut.

Voici du reste, d'après Jean d'Arras, la curieuse légende de Mélusine :

« Mélusine, aînée des trois filles du roi Thiaus et de la fée Pressine, douée d'une merveilleuse beauté, rencontre un jour dans une forêt, près d'une fontaine, le beau Raymondin, fils du roi des Bretons, jeune et hardi garçon qui vient de tuer par mégarde son oncle, le comte de Poitiers. Mélusine lui propose de faire de lui le plus grand gentilhomme du royaume s'il veut l'épouser, à une condition : c'est qu'il ne cherchera jamais à la voir le samedi de chaque semaine.

» Le pacte est conclu, les épousailles ont lieu, puis les noces, à la grande surprise des autres gentilshommes qui ne connaissaient pas Mélusine.

» La fée, à l'aide du procédé employé autrefois pour fonder Carthage, fait donner à son mari, sur un roc stérile, autant de terre qu'en pourrait enclore une peau de cerf, et, faisant découper cette peau en lanières, s'empare ainsi d'un petit territoire sur lequel est bâti le château de Lusignan.

» De ce mariage naquirent trois fils : Urian, Guion et Geoffroy qui, en Orient, eurent, d'après Jean d'Arras, des aventures aussi romanesques que fantastiques.

» Cependant Raymondin tient toujours son serment de

ne pas regarder sa femme le samedi, et jusqu'alors la fortune n'a fait que lui sourire, sa prospérité n'a fait que s'accroître. Un beau jour, sur les sollicitations de son frère Hugues qui accuse Mélusine d'être infidèle à son époux, il a la curiosité de plonger les yeux, par un trou pratiqué dans le mur, dans la chambre où sa femme est retirée ; il l'aperçoit au bain ; Mélusine, tous les samedis, était à moitié femme et à moitié serpent !

» Rien ne saurait dépeindre la douleur de Raymondin dès qu'il eut surpris ce secret.

» Mélusine trahie s'envole de son château, à la vue de tout le monde, sous la forme d'un serpent, jetant des cris qui fendaient l'âme de tous les assistants (1). »

Les seigneurs de Lusignan prirent part au grand mouvement religieux de l'Occident contre l'Orient, à l'époque des croisades. C'est là que la Providence les attendait pour faire de leur famille une des plus illustres dynasties de l'Europe. Aussi les croisades et les chroniques des temps héroïques sont pleines des faits d'armes et des actions vertueuses des Lusignans.

Les Maisons de Lezay, de La Marche, du Marais, d'Eu, de Valence, d'Angoulême, de Saint-Valérien, de Parthenay, de La Rochefoucauld ont la même souche que les Lusignans ; tous ces grands noms reviennent souvent et avec le plus vif éclat dans l'histoire de France.

En Angleterre, la Maison de Pembroke provient aussi de

Les Lusignans en Orient.

---

(1) Le prince Troubetskoï, de l'ambassade de Russie à Paris, a composé sur cette légende son grand opéra *Mélusine*, qui devait être brillamment exécuté par notre Académie nationale de musique en 1892.

Le Théâtre Marie, de Saint-Pétersbourg, étant en construction, *Mélusine*, en 4 actes et 5 tableaux, sera représentée cet hiver au Théâtre impérial de Moscou, qui s'est déjà réservé le droit de jouer cette partition dans sa traduction en langue russe, faite par Mme Abramova.

la même origine ; l'Italie et l'Autriche ont vu des membres de leurs Maisons souveraines s'allier aux Lusignans.

Le premier acte éclatant par lequel les Lusignans vont s'illustrer, sera la création d'une institution religieuse et humanitaire à la fois. Voici dans quelles circonstances :

Les dangers innombrables qu'on courait dans le pèlerinage de Jérusalem, tombée au pouvoir des musulmans, n'empêchaient pas les occidentaux les plus éloignés de l'entreprendre. De temps en temps, des pèlerins ayant à leur tête un seigneur important allaient en Terre sainte, où les chrétiens opprimés demandaient du secours. Parmi les preux qui avaient déjà visité la Palestine en 1062, se trouvait un gentilhomme français, nommé Robert, sire de Lusignan. De concert avec ses frères, il avait quitté son manoir du Poitou pour venir venger le tombeau du Christ.

Institution de l'Ordre de Sainte-Catherine-du-Mont-Sinaï.

Attiré au mont Sinaï par le bruit des miracles qui s'opéraient au tombeau de sainte Catherine, vierge d'Alexandrie, il fut frappé de l'état d'abandon dans lequel se trouvaient les nombreux pèlerins qui venaient vénérer les reliques de la sainte. Aidé dans sa pieuse entreprise par ses nobles et fidèles compagnons, il fonde, au lieu du célèbre pèlerinage, un hospice sur le modèle de celui du Saint-Sépulcre ; il y établit des religieux qui se consacrent au soin des malades et qui s'engagent à défendre les pèlerins et à garder le tombeau de l'illustre martyre. Ces chevaliers embrassent aussitôt la règle de saint Basile, l'an 1063. Ce fut l'origine de l'Ordre humanitaire et hospitalier de Sainte-Catherine-du-Mont-Sinaï.

Les chevaliers, rapporte Élie Ahsmole, dans son ouvrage sur l'Ordre de la Jarretière, publié à Londres en 1672, prêtaient serment dans la main du grand-maître et dans celle de l'abbé du monastère ; ils faisaient vœu de chasteté et juraient de garder le tombeau de la sainte pendant deux ans.

Robert, dont la renommée s'était répandue en Palestine, Les Lusignans s'établissent en Palestine. accourut, quoique vieux, auprès du duc de Lorraine, Godefroy de Bouillon, pour lui prêter son appui contre les infidèles, et, lorsque le duc fut élu par les croisés roi de Jérusalem, en 1099, Robert fut créé comte de Joppé et d'Ascalon. C'est ainsi que les Lusignans s'établirent en Palestine. Dans la suite, Guy, sire de Lusignan, que les écrivains du temps nous dépeignent

Croix de Sainte-Catherine-du-Mont-Sinaï.

comme le plus beau et le plus courageux des chevaliers chrétiens, épousa Sibylle, sœur de Baudouin IV, roi de Jérusalem.

Ce monarque, désolé des progrès toujours croissants des Turcs, avait, sur le conseil de Guy, son beau-frère, envoyé en Europe le patriarche et les grands-maîtres des Templiers et des Hospitaliers auprès du pape Lucius et de l'empereur

Frédéric, afin d'obtenir de nouveaux secours en argent et en troupes. Etant devenu aveugle par suite de la lèpre, Baudouin nomma Guy régent du royaume. Mais celui-ci, ne pouvant contenter les seigneurs qui enviaient son sort, fut contraint de céder la place au comte de Tripoli qui avait déjà gouverné pendant la minorité du prince. Il se retira à Ascalon, attendant les événements que la Providence lui préparait et le moment favorable pour exercer une autorité dont sa bravoure et ses vertus l'avaient rendu digne.

Les Maronites.

A cette époque, les Maronites, guidés par les enseignements et l'exemple de leur patriarche Amauri, rentrèrent dans le sein de l'Église catholique. Guy de Lusignan ne fut point étranger à cette heureuse conversion, car nous verrons plus tard cette noble et généreuse nation, toujours reconnaissante, accourir auprès de lui quand il prendra possession de l'île de Chypre.

Guy de Lusignan devient roi de Jérusalem; son couronnement. Institution de l'Ordre de Mélusine.

Sur ces entrefaites, Baudouin IV meurt, le 16 mars 1185, et son fils Baudouin V, qui lui succède à l'âge de sept ans, est aussi emporté par la lèpre l'année suivante. Le sceptre passe alors dans les mains de Guy, son beau-père. La reine Sibylle est aussitôt assiégée d'une foule de courtisans jaloux et ambitieux qui ne peuvent voir à leur tête un chef qui n'est pas, disent-ils, de sang royal. La reine annonce son intention de se séparer de son époux et de choisir celui qu'elle croit le plus digne et le plus capable de défendre le royaume. On se range à son avis, et l'on s'engage à ratifier le choix qu'elle aura fait au pied des autels. Guy, résigné, se soumet à la volonté de la reine et se confie en la divine Providence, qui manifestera bientôt d'une manière éclatante et inattendue sa volonté toute-puissante.

Au jour désigné, Sibylle se rend à l'église du Saint-Sépulcre, entourée des officiers et du peuple. Le patriarche

Héraclius, revêtu des ornements pontificaux, prononce la
sentence et remet à la reine la couronne de Jérusalem, en
l'invitant à ne la confier qu'au plus digne. L'émotion est vive
dans cette auguste assemblée ; le cœur de plusieurs palpita
d'espérance au moment solennel. Mais Dieu veillait sur les
siens. La reine prend la couronne des mains du patriarche et
la dépose sur la tête de Guy, son époux, à genoux devant
elle. C'est ainsi que Lusignan devint roi de Jérusalem,
l'an 1186 ; il reçut aussitôt l'onction sainte et le serment de
fidélité de ses sujets.

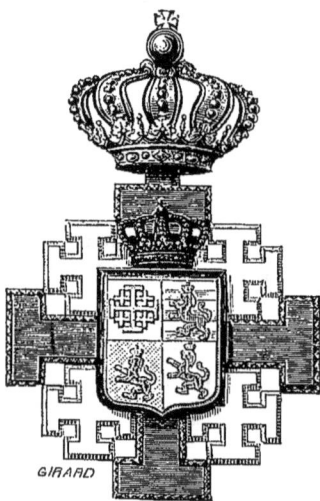

Croix de l'Ordre de Mélusine.

Afin de perpétuer le souvenir de cet événement, et pour
témoigner au nouveau roi son attachement inviolable, Sibylle
institua l'Ordre de Mélusine, en mémoire de la fée Mélusine,
mère légendaire et génie tutélaire de la Maison de Lusignan.

Ce fut un ordre essentiellement humanitaire et religieux,
car les chevaliers, d'après les statuts, étaient tenus de prati-

quer les vertus chrétiennes et de se faire les propagateurs de la religion et de la charité.

Les infidèles redoublaient leurs attaques contre les chrétiens, et le moment approchait où, malgré la bravoure du roi et de ses fidèles chevaliers, le royaume de Jérusalem devait disparaître. Le comte de Tripoli, Raimond III, et le prince de Carac, Renaud de Châtillon, hâtèrent, par leur conduite indigne, ce triste dénouement. Le premier trahit la cause commune en traitant avec Saladin ; le second enleva, contre la foi des traités, une caravane qui passait tranquillement d'Egypte en Arabie. Saladin envoya redemander les prisonniers ; Renaud, bien loin de faire justice, vomit mille injures contre Saladin et contre Mahomet. Saladin en fut tellement indigné qu'il jura d'exterminer tous les chrétiens et de tuer de sa main Renaud de Châtillon.

L'année suivante, il entre sur les terres des chrétiens avec une armée de cinquante mille hommes. Le poids de sa vengeance tomba d'abord sur les grands-maîtres du Temple et de l'Hôpital, Gérard de Bideford et Roger des Moulins, qu'il surprit et battit, le 1er mai 1187. De là, il marcha contre Tibériade, appartenant au comte de Tripoli, qui, à l'approche du danger, avait rompu avec les infidèles et avait feint de se réconcilier avec Guy de Lusignan. On dit même que Saladin lui avait offert la couronne de Jérusalem s'il embrassait le mahométisme; mais Raimond III, heureusement, n'apostasia point. Le sultan prit la ville de Tibériade, mais il fut arrêté par la résistance de la citadelle. Le roi de Jérusalem et tous les princes, réunis par la grandeur du péril, volèrent au secours de la place.

Les deux armées se trouvèrent en présence près de Tibériade, un vendredi, 2 juillet 1187. Le combat s'engagea avec une égale bravoure de part et d'autre et dura trois jours.

Enfin les croisés, accablés par le nombre, épuisés par la fatigue, la chaleur et la soif, furent entièrement défaits. Le roi Guy, Renaud de Châtillon, les maîtres du Temple et de l'Hôpital furent faits prisonniers ; trente mille chrétiens périrent dans la bataille et la vraie croix, l'étendard sacré de l'armée de Lusignan, tomba aux mains des infidèles. Le comte de Tripoli, après avoir fait des prodiges de valeur qui ne purent toutefois rétablir sa réputation, se fit jour à travers les ennemis l'épée à la main et se retira à Tyr, emportant le mépris des infidèles et l'exécration des chrétiens.

Aussitôt après la bataille, on amena les principaux prisonniers dans la tente du sultan. Celui-ci, ayant commencé par remercier Dieu du succès de ses armes, fit asseoir à ses côtés le roi de Jérusalem et Renaud de Châtillon qui étaient dévorés par la soif. Le sultan présente du sorbet au roi, qui se désaltère. Ce prince, après avoir bu, passe la coupe à Renaud de Châtillon, mais Saladin s'y oppose, car il ne veut point lui faire grâce. Après le repas, qui est servi aux chrétiens dans un endroit séparé, le sultan se fait ramener Renaud. Entrant aussitôt dans une colère terrible, il lui reproche le mépris de la foi jurée et ses invectives contre Mahomet : « Je suis obligé, ajoute-t-il, de venger notre prophète et sa loi. A une seule condition je puis te faire grâce, c'est que tu embrasses la religion que tu as blasphémée : les bienfaits et les faveurs les plus signalés prendront alors la place des châtiments qui te sont dus. » La foi de Châtillon se ranime alors ; il témoigne du mépris tant pour les promesses que pour les menaces du musulman, et il répond qu'il veut mourir chrétien. Saladin, se levant irrité, lui déchargea un coup de cimeterre sur la tête, et les gens de sa suite l'achevèrent. C'est ainsi que les écrivains mahométans rapportent le martyre de Renaud de Châtillon.

Le sultan attaqua la ville sainte le 19 septembre de la même année. Elle était d'une force à pouvoir se défendre longtemps, mais la défaite de Tibériade y avait répandu la plus fatale consternation. Ce qui acheva d'exaspérer les assiégés, c'est qu'ils découvrirent une conjuration formée par les chrétiens du rite grec qui étaient en grand nombre dans la ville. On fit au sultan des propositions qu'il rejeta d'abord avec hauteur, comptant sur les conjurés qui devaient lui livrer une porte de la ville. Mais la reine lui ayant fait savoir que, s'il n'accordait pas une capitulation honorable, il pouvait s'attendre à la plus opiniâtre défense, il craignit de les réduire au désespoir et capitula aux conditions suivantes : qu'ils rendraient la ville en l'état où elle était, sans rien démolir ; que la noblesse et les gens de guerre sortiraient en armes et sans escorte, pour aller à Tyr ou en tel autre lieu qu'ils voudraient ; que les citoyens emporteraient leurs meubles et seraient de même conduits en sûreté, mais après avoir payé par tête une taxe fixée.

Le 2 octobre, Jérusalem fut rendue à ces conditions et Saladin les fit observer. Le patriarche Héraclius enleva toutes les richesses et les ornements des églises. Le sultan traita la reine Sibylle, ainsi que les princesses ses filles, avec beaucoup de respect et lui fit espérer la liberté du roi son époux, moyennant une rançon dont la ville d'Ascalon tint lieu. Les femmes de Jérusalem suivaient la reine en troupe, tenant les enfants par la main, se lamentant d'une manière attendrissante. Le vainqueur leur demanda ce qu'il pouvait faire pour tempérer leur douleur : « Seigneur, lui répondirent-elles, nous avons tout perdu ; mais vous pouvez, sans nuire à votre puissance, convertir en joie notre infortune : rendez-nous nos maris, nous vous abandonnons tout le reste ; ils ôteront à nos larmes toute leur amertume en y mêlant les leurs, et celui qui nourrit les oiseaux du ciel, nous nourrira avec nos enfants. » Saladin commanda sur le champ que leurs maris leur fussent rendus.

Autant ce prince infidèle montra de l'humanité, autant le comte de Tripoli se signala par son indignité. Il les dépouilla, quand elles furent réfugiées chez lui, de toutes les ressources que le sultan leur avait fait distribuer. Celui-ci, apprenant cette lâcheté, vint mettre une garnison dans Tripoli. Le comte en perdit la tête et mourut dans un accès de folie.

Dès que les Francs eurent quitté Jérusalem, les Turcs en abattirent les croix et convertirent les églises en mosquées, excepté celle du Saint-Sépulcre à cause des pèlerinages qui faisaient la richesse de la ville. Les chrétiens syriens, armé-niens et grecs y demeurèrent. Il ne resta aux Latins en Orient que trois places importantes : Antioche, Tyr et Tripoli.

Guy de Lusignan, délivré de captivité, continua la guerre contre les infidèles et vint assiéger la ville d'Acre avec les chrétiens fugitifs de Jérusalem et quelques secours arrivés d'Italie. Une nouvelle croisade ayant été prêchée en France, en Angleterre et en Allemagne, de nombreux guerriers se groupèrent sous les ordres de Philippe-Auguste, roi de France, et de Richard Cœur-de-Lion, roi d'Angleterre. Ces monarques s'étaient embarqués séparément, Philippe à Gênes et Richard à Marseille; ils se rejoignirent à Messine où ils passèrent l'hiver. Philippe-Auguste partit le premier de Sicile et arriva devant la ville d'Acre où, depuis deux ans, se trouvait Guy avec ses chevaliers. Il fut convenu qu'on attendrait l'arrivée de Richard avant de livrer l'assaut. Ce dernier venait d'être jeté par la tempête sur les côtes de Chypre. Mal accueilli par l'usurpateur Isaac Comnène qui s'était rendu maître de l'île, il le chasse à son tour, se fait prêter serment de fidélité par les naturels du pays et met des garnisons européennes dans les places fortes. Il arrive enfin au siège d'Acre, où il était

Le roi de Jérusalem, remis en liberté, combat de nouveau les infidèles avec les rois de France et d'Angleterre.

impatiemment attendu, et la ville tombe aux mains des croisés.

C'est pendant ce siège que plusieurs chevaliers allemands établirent, pour les malades de leur pays, un hôpital d'où l'Ordre Teutonique a pris naissance. Ce fut le troisième ordre religieux et militaire qui se forma en Palestine sur le modèle de celui du Saint-Sépulcre : Lusignan ayant été imité en 1099 par Gérard Tenque, Hugues de Paganis et Geoffroy de Saint-Aumier ayant suivi en 1119 le grand provençal.

Quand Philippe-Auguste eut quitté la Palestine, le roi d'Angleterre, d'un caractère altier, mécontenta tout le monde. Le marquis de Montferrat s'étant retiré avec ses troupes, et les Allemands s'étant rembarqués avec Léopold d'Autriche, l'armée chrétienne se trouva considérablement affaiblie. Si, avec près de cent mille hommes qui restaient encore, Richard eût marché sans délai sur Jérusalem comme Guy le lui conseillait, il y a toute apparence qu'il se fût rendu maître de la ville; mais en s'amusant à réparer les fortifications d'Acre, il donna aux ennemis le temps de rassembler une armée innombrable. Les adversaires en vinrent aux mains près de Césarée. Richard et Guy furent victorieux. De nouveau le roi d'Angleterre qui aurait pu marcher immédiatement sur Jérusalem, perdit son temps en d'inutiles travaux. Les soldats français indignés accusèrent alors Richard de trahir la religion et voulurent retourner en Europe; mais le roi d'Angleterre conclut avec Saladin une trêve de trois ans, trois semaines et trois jours. Il fut réglé que toute la côte depuis Jaffa jusqu'à Tyr demeurerait au pouvoir des chrétiens avec Acre (ou Ptolémaïde) et Ascalon. Cela fait, Richard disposa de deux royaumes : il donna celui de Chypre à Guy de Lusignan, qui lui céda ses droits sur Jérusalem; il transmit ce dernier au comte de Champagne, son neveu, le jeune prince Henri, qui venait d'épouser la princesse Isabelle, sœur de Sibylle.

En quittant la Palestine, l'an 1193, pour prendre possession de Chypre, sa nouvelle principauté, Guy emmena trois cents barons qui lui étaient demeurés fidèles et qui

Guy de Lusignan devient roi de Chypre. L'Ordre de l'Épée.

Plaque de l'Ordre de l'Épée.

voulurent s'établir auprès de lui. Afin de leur témoigner sa reconnaissance, Lusignan institua l'Ordre de l'Épée ou du Silence, dont il les rendit titulaires. Les chevaliers prêtaient serment de défendre la religion, le souverain et de garder le silence sur les affaires de l'État. Les lettres S R « *Securitas Regni* » formaient la devise de l'Ordre. Ces deux lettres accolées sont le principal ornement symbolique du collier que portaient les grands dignitaires. Au milieu de la plaque figure une épée qui passe par les boucles de la lettre S. On lit autour l'exergue des Lusignans : « Pour loyauté maintenir. » C'est le troisième ordre de cette Maison royale, car elle avait conservé avec le plus religieux respect la maîtrise des Ordres de Sainte-Catherine et de Mélusine.

Les Maronites en Chypre. Mort du roi.

La même année, Guy accueillit avec empressement les Maronites qui, attristés de son départ de Terre sainte, harcelés par les Turcs et désireux de vivre en paix sous un roi qu'ils aimaient, vinrent en Chypre au nombre de soixante mille.

Guy leur donna des terres où ils s'établirent; ils formèrent ainsi soixante-deux villages qui devinrent florissants. Le roi mourut l'année suivante (1194), emportant les regrets des chrétiens et l'estime des musulmans. Tel fut le premier chef de cette dynastie que Dieu destinait à la garde des croisés, et qui, d'après les desseins de la Providence, devait continuer, dans l'ombre et le silence, la grande lutte de la civilisation chrétienne contre le fanatisme musulman.

Guy de Lusignan.

CHAPITRE II

Jean de Brienne et l'empereur Frédéric. — Les descendants de
Lusignan. — Les Lusignans, rois d'Arménie. — La république de
Venise. — Les Turcs s'emparent de Chypre. — Étienne de Lusignan.

Guy de Lusignan avait eu quatre fils de la reine Sibylle;
ils étaient morts au siège de Saint-Jean d'Acre en combattant
les infidèles, l'an 1189, peu de temps avant leur mère. Ce fut
son frère Amaury qui lui succéda dans le royaume de Chypre.
Celui-ci, en souvenir de son illustre frère et à cause de sa
bravoure personnelle, fut élu par les croisés roi de Jérusalem
à la place du comte de Champagne. Mais il mourut à Saint-
Jean-d'Acre le 1er avril 1205, et eut pour successeur Jean de
Brienne, son proche parent. Ce dernier garda le royaume de
Jérusalem et remit en 1210 la couronne de Chypre à son
jeune fils Hugues Ier.

Amaury succède à Guy.

Jean de Brienne étant venu en Europe pour demander
des secours contre les infidèles, donna sa fille en mariage à
Frédéric, empereur d'Allemagne. Celui-ci songe aussitôt à
recouvrer la Terre sainte qu'il regarde comme son domaine;
il dépouille même son beau-père du titre de roi de Jérusalem.
Jean de Brienne indigné se réfugie à Rome, où il devient
gouverneur de l'Etat Ecclésiastique.

Jean de Brienne et l'empereur Frédéric.

Frédéric, quoique excommunié, s'occupe néanmoins de
la guerre sainte et vient aborder avec son armée au port d'Acre,

le 7 septembre 1226. Le patriarche de Jérusalem et les chevaliers des trois ordres de la ville refusent de lui obéir. Heureusement pour l'empereur, Conradin, le plus dangereux ennemi des chrétiens, venait de mourir et Mélédin, qui le remplaça, n'aimait pas la guerre. Frédéric lui envoie des ambassadeurs avec des présents et lui offre la paix s'il veut lui rendre le royaume de Jérusalem. Mélédin consent à lui remettre cette ville mais dans de telles conditions que les chrétiens n'acceptent point. Cependant Frédéric fait son entrée dans la ville et vient en habits royaux à l'église du Saint-Sépulcre, accompagné du peuple et de la noblesse; mais il ne trouve pas un évêque pour lui donner la couronne, qu'il est obligé de prendre lui-même sur l'autel. Le lendemain, il retournait à Saint-Jean-d'Acre. Il fut le dernier prince d'Europe qui parut dans la ville sainte comme souverain.

Pendant ce temps, Jean de Brienne combattait victorieusement dans le royaume de Naples, pour la cause du pape contre l'empereur excommunié, dont les lieutenants avaient fait venir de Sicile une bande de sarrasins qui exerçaient des cruautés inouies. Frédéric, ayant connaissance de ces faits, s'empressa de conclure avec Mélédin une trêve de dix ans et retourna en Europe. En arrivant il reconnut ses torts, fit sa soumission au pape Grégoire IX et reçut l'absolution de ses censures. Jean de Brienne qui était passé en France, fut appelé bientôt après à l'empire de Constantinople. Sa fille fut fiancée au jeune Baudouin, frère de l'empereur Robert de Courtenai, mort en 1228, et lui-même fut couronné empereur. Il mourut neuf ans après, le 23 mars 1237. Son histoire fut publiée à Paris en 1727.

Les descendants de Lusignan. Les descendants de Lusignan se maintinrent dans la possession souveraine de l'île de Chypre avec le titre de rois de Jérusalem. Ils étaient couronnés à Famagosta, dans l'église de Saint-Nicolas, par l'évêque arménien de Chypre (1).

Ils eurent constamment à lutter contre les Turcs, sur lesquels ils reconquirent Jérusalem, mais ce fut d'une manière éphémère. Les infidèles finirent par leur enlever la ville sainte en 1324, après avoir essuyé de sanglantes représailles de la part de Henri II et de Pierre Ier de Lusignan. Le premier était petit-fils de Hugues Ier. Son père Henri Ier de Lusignan avait été fait prisonnier avec saint Louis et délivré à la mort de ce prince. Après Henri II qui se distingua vaillamment, quatre monarques se succèdent à Chypre, avant d'arriver à Pierre Ier : ce sont Hugues III qui fut un littérateur (2), Jean Ier son fils, Henri III et Hugues IV.

Le premier, Hugues III, surnommé le Grand, fils de Henri II, prince d'Antioche, et d'Isabelle, seconde fille du roi Hugues Ier, se fit couronner à Tyr, le 24 décembre 1269, comme roi de Jérusalem, malgré les prétentions de Marie d'Antioche, sa cousine.

Cette princesse céda en 1277 à Charles Ier d'Anjou, roi de Naples et de Sicile, ses prétendus droits sur Jérusalem; ce qui explique comment ce titre fut transmis à plusieurs Maisons souveraines d'Europe.

Pierre Ier, fils et successeur de Hugues IV, avait juré, comme ses prédécesseurs, une haine implacable aux musulmans. A peine monté sur le trône, il se signale par de nombreux exploits, la fortune l'accompagne partout. Il s'empare de Smyrne, prend et brûle la ville d'Alexandrie, vient en triomphateur au mont Sinaï faire son pèlerinage à sainte Catherine, où il confirme les droits et privilèges de ses chevaliers, ravage les côtes de Syrie, conclut une paix avantageuse

Pierre Ier et l'Arménie. La mort de Léon V, roi d'Arménie.

---

(1) Le sacre des rois de Chypre se fit également à Nicosie, dans l'église de Sainte-Sophie.

(2) Saint Thomas d'Aquin lui dédia son livre : *De Regimine Principum*.

avec le sultan d'Egypte et reconstitue le royaume d'Arménie, auquel il impose comme souverain un membre de sa famille. Le dernier roi d'Arménie Léon V, ou selon les autres Léon VI de Lusignan (1), mort à Paris le 29 novembre 1393, repose à

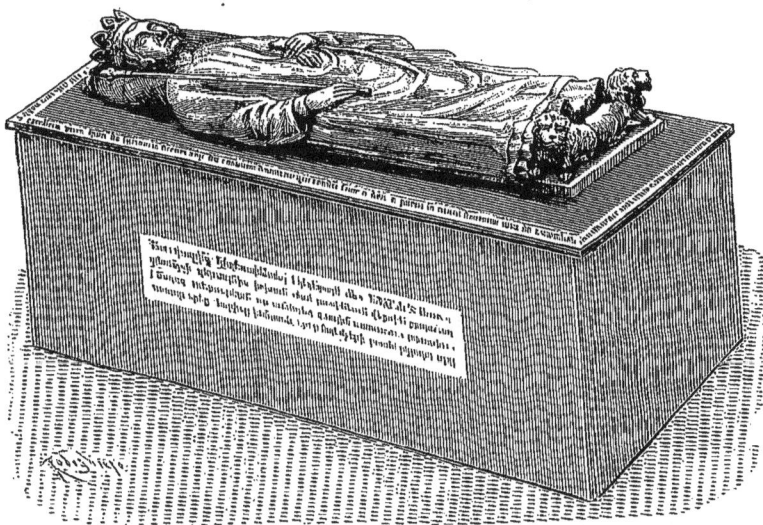

Tombeau du roi d'Arménie, Léon V de Lusignan.

Saint-Denis à côté des rois de France. Il habitait le palais des Tournelles, rue Saint-Antoine, vis-à-vis l'hôtel de Saint-Paul, où les rois de France avaient leur résidence ordinaire.

N'ayant point d'héritiers directs, ce monarque avait légué à ses parents, les Lusignans de Chypre, ses droits sur le royaume d'Arménie. Sa dernière pensée, son vœu suprême,

---

(1) Sa mère était une princesse arménienne, et sa femme, la reine Marie, était cousine de Louis Ier, roi de Hongrie, et nièce de Philippe de Tarente, empereur titulaire de Constantinople.

fut de voir ses héritiers se dévouer à la cause arménienne et protéger toujours cette intéressante nation. Ses descendants n'ont jamais failli à leur promesse.

A Pierre Ier, avaient succédé Pierre II, Jacques Ier. Un mémorial ou note historique (1), qui fait partie d'un manuscrit arménien de cette époque, nous apprend qu'en 1394, dans l'année qui suivit la mort de Léon V, et aussitôt que la nouvelle en fut parvenue au delà des mers, Jacques Ier, roi de Chypre, se fit sacrer roi d'Arménie et fut reconnu en cette qualité par les populations de la Cilicie.

Jacques Ier sacré roi d'Arménie.

Dès lors, Jacques ajouta à ses titres de roi de Jérusalem et de Chypre celui d'Arménie. Ses descendants s'attachèrent à conserver ce titre de *rois de Jérusalem, de Chypre et d'Arménie,* et maintinrent à leur cour quelques-unes des grandes charges du royaume dont ils étaient les *légitimes héritiers,* pourvues de riches dotations (2).

Jacques et ses successeurs prennent le titre de rois de Jérusalem, de Chypre et d'Arménie.

Ainsi, immédiatement après la mort du roi d'Arménie, sa couronne fut décernée d'une voix unanime à ses collatéraux, les Lusignans de Chypre, et, le 11 novembre 1399, l'archevêque de Tarse, Mgr Mathieu, sacra roi d'Arménie son successeur, Jean II. Ainsi le drapeau des Lusignans : blanc, bleu, rouge, jaune, contenait aussi les couleurs d'Arménie : rouge, bleu et jaune.

Sous Jean II et sous son successeur Jean III, la république de Gênes envoyait des troupes aux princes chrétiens qui combattaient les infidèles.

La république de Gênes.

Sous prétexte de prêter main-forte au roi de Chypre, elle avait fini par s'implanter dans son royaume et par s'emparer

---

(1) *Mémorial d'un Évangile arménien,* manuscrit appartenant aujourd'hui au couvent patriarcal de Sis, l'ancienne capitale de la Cilicie.

(2) *Collection des Historiens des Croisades,* documents arméniens, t. I, pp. 736-737.

même de la capitale. En 1458, la princesse Charlotte avait succédé comme reine de Chypre à son frère Jean III de Lusignan. Un fils naturel de celui-ci, Jacques II de Lusignan, conquit l'île sur la reine Charlotte et reprit aux Génois la ville de Famagosta.

La république de Venise; Catherine Cornaro.

Ce prince, plein de volonté, se préparait un règne glorieux, lorsque la république de Venise lui fit proposer en mariage la fille du sénateur Cornaro qui possédait de vastes domaines dans l'île de Chypre. Jacques II prévoyant la pression qu'allait exercer sur lui la florissante république, éluda longtemps cette proposition. Enfin, trop faible pour lutter contre la cité des doges, il épousa Catherine Cornaro. Dès lors Venise le considéra comme vassal et lui dicta sa conduite. L'insurrection qui suivit sa mort, survenue après un accident de chasse, fit tomber le pouvoir entre les mains des Vénitiens, l'an 1473. Son fils posthume, Jacques III, proclamé roi dès sa naissance, mourut deux ans après, empoisonné par ordre de la république. Sa mère, Catherine Cornaro, voulut faire valoir ses droits sur le royaume; mais Venise triompha d'une femme isolée et sans défense; elle fut conduite et gardée à Venise, l'an 1485. La république lui donna à titre de dédommagement la principauté et le château d'Asolo, dans le Trévisan, avec un revenu de huit mille ducats. Cette nouvelle cour acquit quelque célébrité par les dialogues du cardinal Pierre Bembo, intitulés : *Gli Asolani.*

Cependant Jacques II avait ordonné par testament qu'en cas d'extinction de la branche directe, la couronne passât à ses collatéraux; mais Venise, se préoccupant peu de ce testament, conserva cette couronne. La république vénitienne permit aux Lusignans de résider en Chypre, de garder leur titre de rois et tous leurs domaines, dont un inventaire qui se trouve dans la bibliothèque de Venise, fut dressé avec soin

CATR: CORNARO   REINE DE CYPRE.

par les conquérants, à condition expresse qu'ils se tiendraient éloignés de toute politique.

La domination vénitienne fut à Chypre de courte durée. En 1570, les Turcs, commandés par Sélim II, s'emparèrent de l'île (1). Les Turcs ont gardé cette conquête jusqu'au 4 juin 1878, époque où, par une convention spéciale, elle a passé à l'Angleterre : de sorte que ce royaume qui a été illustré par les Lusignans, conquis d'abord par un roi d'Angleterre, est retombé six cent quatre-vingt-six ans après au pouvoir des Anglais.

Les Turcs s'emparent de Chypre.

LES PRINCES DE LUSIGNAN

Que n'ai-je le talent du prince des poètes,
Pour retracer ici les vertus, les hauts faits,
De ces preux chevaliers, de ces vaillants athlètes,
Dont dix siècles déjà rappellent les bienfaits?
Lusignan! ce nom seul qui dit honneur et gloire,
A produit des héros, des sires et des rois;
Chypre, Jérusalem conservent la mémoire
Des jours pleins de splendeur où florissaient leurs lois.

Rois de Jérusalem, de Chypre, d'Arménie,
Et seigneurs tout-puissants de Lezai, de Marais,
De Saint-Valérien, de Valence, de Die,
Comtes d'Eu, d'Angoulême et puis de Saint-Gelais,
Aux côtés de Louis on les vit aux croisades
Verser leur noble sang pour défendre la croix,
Mêlant leurs chants de guerre aux joyeuses ballades
Que, des bardes Gaulois, lançaient les mâles voix.

(1) Sélim III ayant chassé les Vénitiens, traita les fils des anciens rois avec une bienveillance marquée.

Il faudrait un poème, il faudrait un volume,
Afin d'énumérer tous les illustres noms
De ces seigneurs d'épée, et de robe et de plume,
Qui se sont prodigués et par vaux et par monts.
Mais, pourquoi rappeler de nobles infortunes?
Qu'ils reposent en paix au fond de leurs tombeaux,
Ces guerriers dont, des cours, les haines trop communes,
N'ont pu, des verts lauriers, dessécher les rameaux.

Laissons-les donc dormir sous les dalles glacées,
Ces héros vénérés, ces géants des combats,
Drapés dans le linceul de leurs gloires passées,
Et libres, désormais, des soucis d'ici-bas.
Leurs noms, en lettres d'or, au grand livre des âges,
Sont inscrits, et depuis, leurs dignes descendants,
Sur l'océan des temps, en suivant leurs sillages,
Honorent ces grands morts! Nous, parlons des vivants.

VICTOR GRESSET.

Au moment de la conquête ottomane, le chef de la Maison des Lusignans était Pierre de Lusignan, prince de Galilée. Les héritiers de ce prince continuèrent à résider dans leurs domaines, sombres et presque oubliés, sous le joug défiant des conquérants. Le souvenir de la mort tragique de Jacques III les engageait à se résigner et à n'élever la voix pour aucune revendication.

Chypre qui avait prospéré sous le sceptre glorieux des Lusignans, perdit de sa splendeur sous la domination des Vénitiens. Les Maronites établis sous Guy, le premier roi, et demeurés attachés à sa dynastie, furent injustement persécutés; aussi leur colonie, jadis florissante, ne formait plus, en 1570, que trente-trois villages (1).

Étienne de Lusignan. A cette époque vivait Etienne de Lusignan, proche parent

---

(1) En 1890, l'île de Chypre, qui contient **186,000** habitants, ne compte plus que **1,200** Maronites répartis en cinq villages.

du prince Pierre. Étienne, qui avait eu pour maître le savant Julien, évêque des Arméniens de Chypre, suivit son attrait pour la carrière ecclésiastique et entra dans l'ordre de saint Dominique. Il quittait sa patrie en 1571 et venait en Italie, puis en France, où il séjourna quelque temps. De retour en Italie, Sixte V, appréciant ses hautes qualités, le nomma évêque de Limisso, où il mourut l'an 1590 ou 1595. Ce savant évêque, le seul prince remarquable depuis la conquête musulmane jusqu'au milieu du xviii° siècle, avait composé plusieurs ouvrages italiens dont voici la nomenclature :

1. *Description et Histoire abrégée de l'Ile de Cypre,* depuis le temps de Noé jusqu'en 1572.

2. Cinq discours intitulés *Corone,* sur les devoirs des princes : dédiés au roi de France Henri III.

3. *Histoire générale du Royaume de Hiérusalem, de Cypre, Arménie et Lieux circonvoisins,* depuis le déluge universel jusqu'en l'année 1572.

4. *Généalogie de la royale Maison de Bourbon.*

5. Trois ouvrages pour prouver la nécessité et l'excellence de la vie monastique.

6. *Généalogie de soixante-sept Maisons très nobles, partie de France, partie étrangères, issues de Méroné, fils de Théodoric II, roi d'Austrasie* (avec leurs armoiries).

7. Ouvrage relatif aux prétentions des divers princes de l'Europe sur le royaume de Jérusalem : dédié au sénat de Venise.

8. Quelques opuscules sur l'histoire et la généalogie de plusieurs rois et de plusieurs familles, entre autres de celle de Lusignan.

Ce prince, un des plus illustres de la famille, ne devait être dépassé que trois siècles plus tard par celui qui porte aujourd'hui glorieusement, dans notre France, la triple auréole de sa royale dynastie, et qui a su remplacer admirablement les trois couronnes de Jérusalem, de Chypre et d'Arménie, par celles maintenant plus appréciées, du talent, de la science et de la philanthropie.

La filiation des Lusignans.

La filiation des Lusignans se poursuit dans le silence pendant un siècle et demi jusqu'au prince Louis, né au milieu du xviii⁰ siècle, et qui portait le titre modeste de sire de l'île de Chypre. A cette époque vivaient quatre seigneurs du nom de Lusignan; ils étaient parents de ce prince et le reconnaissaient comme chef de leur Maison.

Le premier, marquis de Lusignan, né en 1753, devenu colonel au moment de la Révolution française, vendit ses biens et se réfugia en Allemagne. Revenu en France vers l'an 1800, il mourut en 1815, fort riche, mais dans la plus profonde obscurité.

Le deuxième, autre marquis de Lusignan, né dans le Béarn vers 1760, servit la France et passa en Autriche l'an 1790; il se distingua dans plusieurs batailles. Ayant épousé une riche héritière de ce pays, il s'y fixa définitivement.

Le troisième, chevalier de Lusignan, était officier vendéen; il fut pris et fusillé à Nantes en 1795.

Le quatrième et dernier, qui était aussi seigneur de Lusignan, devint général sous la République et combattit les Vendéens, l'an 1793.

CHAPITRE III

En 1780, le prince Louis était le chef de la Maison de
Lusignan ; il laissa deux fils : Christodule de Lusignan et
Amaury-Joseph de Lusignan. Ces princes sont devenus les
chefs des deux branches actuelles : Christodule a formé la
branche aînée, établie en Russie ; Amaury-Joseph, la branche
cadette, qui s'est fixée plus tard en France.

Le père du prince Louis, leur père, était déjà né de
parents orthodoxes (grecs non-unis), ce qui n'est point sur-
prenant, puisque au moment de l'expulsion définitive des
Vénitiens par les Turcs, le catholicisme romain disparut de
l'île de Chypre en même temps que l'élément latin, et les
Lusignans ont dû leur conservation à des alliances avec les
indigènes grecs, à la suite desquelles la famille entra dans
l'Église d'Orient. C'est donc du haut clergé grec qu'émane
le document important intitulé *le Sacré*. Ce certificat,
qualifié par les signataires de « royal, doré, majestueux et
sacré » établit que son porteur, Mgr le prince royal Louis
de Lusignan, fils de S. A. R. Mgr le prince Christodule de
Lusignan, et petit-fils du prince Louis, son homonyme, est

*Le prince Louis,
souche des deux
branches actuelles.*

Le certificat Sacré.

le seul héritier légitime des rois de Jérusalem, de Chypre et
d'Arménie.

Voici la teneur du précieux parchemin :

« Au nom du Père, du Fils et du Saint-Esprit, *Amen*.

» Le Porteur du présent Certificat Royal doré, Monsei-
» gneur le Prince Royal Louis de Lusignan, issu de la Maison
» des Lusignans, ci-devant Très Illustres Rois de Jérusalem, de
» Chypre et d'Arménie, Famille originaire de France, et dont
» le Sceptre fut porté en Orient, dans les dits royaumes;
» descendant en ligne droite du Roi Janus et de Leurs
» Majestés les Rois Jacques Ier et Hugues IV, etc., etc.,

» Appartient légitimement à l'Église Orthodoxe d'Orient,
» et il est né de Parents Orthodoxes.

» Le Porteur du présent est Fils de Son Altesse Royale
» le Prince Christodoulos de Lusignan, Sire de l'île de
» Chypre, etc., neveu de Monseigneur le Prince Royal
» Louis, et Son Altesse Royale le Prince Louis est fils de
» Monseigneur le Prince Jacques et de Madame la Princesse
» Éléonore de Lusignan, neveu de Son Altesse Royale le
» Prince Pierre, arrière-neveu de Monseigneur le Prince Royal
» Louis de Lusignan, de Chypre, de Jérusalem et d'Arménie,
» et Son Altesse le Prince Royal Louis, Sire de l'île de
» Chypre, etc., est fils de Monseigneur le Prince Royal Jac-
» ques, neveu de Son Altesse Royale le Prince Hugues et de
» Madame la Princesse Royale Marie-Anne, fille de Pierre
» de Lusignan de Galilée, et le dit Monseigneur le Grand
» Prince Hugues de Chypre, comte de Tripoli, etc.,
» est fils de Son Altesse Royale le Prince Philippe d'An-
» tioche, sire de l'île de Chypre, etc., neveu de Son Altesse
» le Prince Royal Pierre et arrière-neveu de Son Altesse
» Royale le Prince Jean-Jacques et il est fils de Monseigneur

» le Prince Royal Jacques et neveu de Son Altesse Royale le
» Prince Jacques le Sage, et le dit Monseigneur le Grand
» Prince Royal Jacques le Sage, frère du Roi Jean II est fils
» du Roi Janus et neveu de Jacques Iᵉʳ et il est oncle de
» Pierre II et frère du Roi Pierre Iᵉʳ le Grand, etc.

» En conséquence, le présent Certificat Majestueux et
» Sacré Lui a été délivré sur des Patentes Royales et en vertu
» de plusieurs anciens Actes et Attestations qui étaient écrits
» sur des Parchemins dorés et cachetés, concernant la Famille
» Royale des Lusignans et qui constatent que le dernier
» Rejeton mâle de cette Famille très ancienne, glorieuse et
» puissante est véritablement le susdit Sérénissime Seigneur
» Son Altesse Prince Royal Louis de Lusignan, de Chypre,
» de Jérusalem et d'Arménie.

» L'an de grâce MDCCCXV, 27ᵉ jour du mois de juillet.»

Suivent les signatures de :

Cyprien, archevêque de la Nouvelle-Justinien, primat de
Chypre, et de son assistant Sophronius, évêque de
Cérines; du patriarche œcuménique Cyrille, de onze
métropolitains du Saint-Synode de Constantinople, et de
dix-sept membres du clergé orthodoxe de Chypre; en
tout, trente et une signatures, parmi lesquelles celle
d'Athanase, métropolitain de Nicomédie, oncle maternel
du prince Louis.

« 1816, 18 juillet.

» Nous, Prince Christodoulos, donnons les présentes
» aux mains de notre cher et bien-aimé fils Son Altesse
» le Prince Louis pour sa sécurité et nous confirmons ce qui
» est écrit ci-dessus par notre signature et notre sceau.

» *Signé,* en langues grecque et française :

» Prince royal Christodoulos de Lusignan. »

Quiconque sait à quel point le gouvernement russe est scrupuleux quand il s'agit de reconnaître des titres princiers et des privilèges attachés à des mérites généalogiques, sera persuadé que pour obtenir la reconnaissance impériale de ses titres royaux, le prince Louis a dû présenter des pièces justificatives absolument authentiques. On ne pouvait pas, en effet, trouver une attestation plus solennelle et plus complète que celle dont s'était muni l'illustre rejeton des princes de Lusignan.

Le prince Christodule et la branche aînée.

Le prince Christodule, fils aîné de Louis de Lusignan, se trouvait en Chypre, au milieu des siens, lorsque l'insurrection grecque éclata en 1820. Prévoyant les malheurs qui menaçaient son pays, il voulut au moins sauver son fils unique, le prince Louis, âgé de treize ans. Il l'envoya à Constantinople, où il le plaça sous la tutelle de son beau-frère, l'archevêque Athanase, métropolitain de Nicomédie. Il eut en même temps la précaution de faire transporter à Constantinople tous les trésors de la famille (1), la personne et la demeure de l'archevêque étant considérées comme inviolables selon les lois ottomanes. Mais il ne comptait pas sur le fanatisme des musulmans. Par ordre du gouvernement turc, tous les grands personnages de Chypre furent massacrés et leurs propriétés confisquées. Le fer et le feu firent subir à l'ancien royaume de Lusignan l'injuste et barbare sanction des mouvements insurrectionnels de la Grèce. Au milieu des hécatombes et des pillages, le prince Christodule disparut et tous ses biens furent pris. Le jour de Pâques, à Constantinople, le grand vizir Benderli-Ali-Pacha, de sinistre mémoire, fit pendre le patriarche grec Grégoire et l'archevêque Athanase de Nicomédie.

_____

(1) Ils dépassaient la somme de 145 millions.

Le fils de Christodule, le jeune prince Louis, n'échappa au massacre que grâce à l'intervention de l'ambassadeur d'Espagne, qui le confia aux missionnaires de la Société biblique d'Angleterre. Dès qu'il fut en état de porter les armes, Louis vola au secours des Grecs, et lorsque survint la guerre russo-turque en 1828, il offrit ses services à l'empereur Nicolas, qui l'accueillit comme prince d'origine royale et *descendant direct des rois de Chypre*, ainsi que l'atteste son État de service *signé par l'Empereur lui-même.*

État de service militaire de S. A. R. le prince Louis de Lusignan, délivré par l'État-Major de l'armée russe, signé par S. M. l'empereur Nicolas Ier. (N° 662.)

« Louis, fils de Christodoulos, prince de Lusignan, capitaine au service de la Grèce et interprète de l'armée russe, descendant direct des rois de Chypre, et âgé de vingt-cinq ans, est entré d'abord au service à la Chancellerie du général maître de police de la deuxième armée, avec le rang de capitaine, le 24 février 1829, comme interprète des langues orientales, a continué le service dans cette fonction avec conduite distinguée, avec activité et zèle. »

(Suivent les états de service.)

« Il est décoré de la médaille en argent, instituée pour la guerre de Turquie des années 1828 et 1829.

» En foi de quoi le présent certificat lui est délivré sous ma signature, avec apposition de mon sceau, en la ville de Reni, le 1er mai 1830.

» L'original est signé de S. M. I. mon Auguste Maître.

» *Signé :* Dobrovolsky. »

Cette pièce reconnue au ministère des Affaires étrangères de Russie, fut légalisée à Saint-Pétersbourg, le 18 décembre 1878, par le vice-directeur A. Huster et le conseiller d'Etat Fomawinsky, sous le n° 1166, et au consulat de France à Saint-Pétersbourg, le 9 janvier 1879, sous le n° 8, par le chancelier substitué A.-P. Meydieu.

La guerre terminée, le jeune Louis de Lusignan, qui venait d'épouser une riche princesse grecque, se fixa à Saint-Pétersbourg ; de son mariage il n'eut qu'un fils unique, le prince Michel.

Le prince Amaury-Joseph et la branche cadette. Le prince Amaury-Joseph, fils cadet de Louis de Lusignan, las de la vie obscure qu'il lui fallait mener en Chypre, résolut de chercher sous un autre ciel la gloire dont il brûlait de se couvrir à l'exemple de ses illustres ancêtres. A la mort de son père, il quitte l'île, son berceau royal, et se rend en Egypte sur l'invitation du fameux chef des Mamelouks, Mourad-Bey, d'origine arménienne, maître suprême de ce pays, qui lui confie le commandement d'un corps de l'armée égyptienne et le marie avec une de ses nièces, la princesse Satinik, type le plus pur de la beauté arménienne.

En arrivant en Egypte, Amaury-Joseph avait cru prudent d'arabiser son nom, pour ne pas exciter contre lui le fanatisme des fellahs ; il s'appela Youssouf Nar Bey. Cette transformation ne suffit pas aux Arabes ombrageux, qui, exaspérés par les victoires de l'armée française conduite par Bonaparte, s'en vengèrent sur son coreligionnaire et l'assassinèrent en même temps que le général Kléber, le 14 juin 1800. Le général Bonaparte, en arrivant en Égypte, avait attiré à lui le prince Nar Bey en le leurrant d'espérance de reconstituer le royaume de l'Arménie et de le placer sur le trône de ses ancêtres. Dans le *Mémorial de Sainte-Hélène*, l'empereur Napoléon explique son plan de relever l'Arménie en

constituant un vaste royaume chrétien dans l'Asie et lui
confier les routes continentales des Indes.

L'unique enfant du prince Nar Bey, le prince Georges-
Youssouf, qui venait aussi de perdre sa mère, fut sauvé par

S. A. R. le prince Georges-Youssouf de Lusignan.

des serviteurs fidèles qui, tout en mettant en sûreté sa
personne, voulurent lui conserver son origine princière
en l'appelant « khalifa », d'où est venu le mot « calfa »,
qui signifie chef et prince. C'est sous ce nom que Georges-
Youssouf, après avoir voyagé en Afrique et en Asie, se
fixa à Constantinople. Marié à la princesse Sophie, fille
d'un des riches banquiers arméniens de cette ville, il eut
plusieurs enfants, dont les plus connus sont : Youssouf-Léon,
né en 1832 ; Guy, né le 2 mars 1834, et Djivan-Khorène, né en
1838. Ces trois princes grandirent sous le nom d'emprunt de

leur père (1), auquel ils ont ajouté un grand éclat; l'aîné, par ses entreprises financières; les deux autres, par les magnifiques travaux que nous allons mentionner.

Mgr Khorène de Lusignan; Lamartine et Victor Hugo.

Durant le cours de ses études au Collège de France en 1850, le prince Khorène était en rapport intime avec Lamartine. Des épîtres de ce prince dont les journaux de l'époque avaient fait le plus bel éloge, nous citerons les vers suivants :

> . . . .
> Ne me demandez pas si je tiens une épée,
> On brise en un combat l'arme la mieux trempée,
> Puis, comme a dit Jésus : « Qui frappe par le fer
> Périra par le fer! » — Or, demain comme hier,
> Je combattrai sans crainte avec la certitude
> Que le triomphe est bien lorsque la lutte est rude!
> Mes armes, Lamartine, elles sont dans ma foi,
> Dans ma tête et mon cœur où vous régnez en roi!
> Car vous avez, daignant m'accueillir comme un père,
> Écouté les accents de ma voix étrangère...
> Dans ma chère Arménie entrez en conquérant!
> Elle a besoin d'aimer celui qu'elle sait grand...
> Que je sois votre guide! Et, comme aux temps antiques,
> L'Eden répétera de sublimes cantiques.

Lamartine, qui aimait à l'appeler son enfant, lui écrivait la lettre suivante, le 25 avril 1858 :

« Je suis fier d'avoir servi de texte à vos traductions de français en arménien, et heureux d'avoir ainsi mon nom présenté à vos compatriotes.

» Mes relations fréquentes avec l'Orient m'ont inspiré un grand respect pour la nation arménienne et surtout pour la religion, la probité et la poésie de ses populations, plus rapprochées que nous du berceau et des lumières du monde primitif.

---

(1) Ce digne et vertueux prince mourut en 1838.

» Je vois, par vos études à Paris, que votre famille ne dégénère pas de ses illustres ancêtres, et je me félicite de connaître en vous l'espérance de l'Arménie future. »

Un membre éminent de l'Institut, M. Édouard Dulaurier, arméniste très distingué, disait du prince Khorène : « *Il est le Lamartine des Arméniens.* »

Victor Hugo a fait en ces termes la consécration la plus flatteuse du talent du prince et de sa race :

« Mon noble confrère, nous sommes deux poètes..... et nos deux mains peuvent se serrer. Votre lettre m'émeut, votre fraternité éveille la mienne, et je vous remercie.

» Ce que vous me demandez sur l'Arménie, vous le savez mieux que moi; mais je me sens heureux de vous le confirmer. Les nations qui regardent le passé doivent disparaître. Les nations tournées vers l'avenir doivent vivre. L'Arménie n'a qu'à vous suivre; et elle est dans la voie de la civilisation.

» Je connais l'élévation de votre intelligence. Je mesure la grandeur de votre destinée à la grandeur de votre esprit : vous avez le sang des vieilles races et l'esprit des races nouvelles. »

Mais le prince Khorène n'aspirait pas seulement à être savant et poète; il voulait surtout travailler pour ses chers Arméniens.

Le prince Louis et son fils Michel de Lusignan avaient été reconnus en Russie comme princes royaux. Leurs cousins Youssouf-Léon et Djivan-Khorène dont nous venons de parler, étant demeurés à Constantinople, le premier pour se livrer aux finances, et le second pour suivre la carrière ecclésiastique, celui-ci fut choisi et envoyé par le Patriarcat armé-

Reconnaissance officielle des princes de Lusignan. Mgr Khorène s'illustre en Orient; sa mort imprévue plonge l'Arménie dans le deuil.

nien auprès des plénipotentiaires réunis à San-Stefano. Il réussit à faire introduire dans le traité qui allait se conclure entre la Russie et la Turquie, un article favorable aux Arméniens. Cet article (16 du traité) n'a été obtenu que grâce à son habileté et à son énergie, malgré l'engagement préalable pris par les deux puissances de ne point s'écarter de la voie du traité préliminaire de Kezanlik, dans lequel le nom de l'Arménie ne figurait même pas.

Mgr Khorène, sacré évêque en 1867 et nommé archevêque en 1873, avait été accueilli comme un descendant de la royale famille de Lusignan par lord Loftus, le chevalier Nigra, ambassadeur d'Italie, le général Le Flô, ambassadeur de France à Saint-Pétersbourg, le baron de Schleinitz et les autres ambassadeurs accrédités auprès du gouvernement impérial de Russie. Dans une lettre adressée à M. Waddington, ministre des Affaires étrangères, et classée aux archives, le général Le Flô reconnaît et traite Mgr Khorène comme prince royal de Lusignan.

Nous reproduisons à ce sujet un intéressant article du *Times*, paru le 12 août de la même année 1878, traduit de l'anglais :

LE PRINCE DE CHYPRE

« Tous ceux qui assistaient au Congrès de Berlin ont dû remarquer un gentleman qui excitait l'attention de tous les salons diplomatiques. Taille au-dessus de la moyenne, air distingué, longs cheveux noirs, front noble et élevé, yeux grands et profonds, épaisse barbe noire et sourire fascinateur.

L'archevêque Khorène.

Sa voix était sympathique, et ses extrémités révélaient, par leur finesse, une origine parfaitement aristocratique. Son air doux et modeste était empreint d'une certaine mélancolie. Son costume se composait d'une robe flottante en moire d'un noir bleu avec de larges manches. Le capuchon relevé sur la tête, laissant seulement sa barbe, sa bouche et ses yeux à découvert, cachait ses longs cheveux et son front. Il portait une étoile de diamants représentant les armes épiscopales surmontées d'une couronne royale.

» Ce gentleman était Khorène Nar Bey, prince de Lusignan, archevêque de Béchiktache-Constantinople, venu à Berlin comme représentant de l'Arménie au Congrès, où il conquit bientôt l'estime de tous ceux qui le connurent.

» Lorsque le traité anglo-turc fut ratifié, l'archevêque Khorène Nar Bey fut de ceux qui y applaudirent le plus. Placés par ce traité, jusqu'à un certain point, sous la protection de l'Angleterre, les Arméniens ou leurs représentants étaient certains qu'à dater de ce moment ils ne se trouveraient plus sous l'influence exclusive de la Porte, et, pour cette clause seule, l'archevêque-prince de Lusignan devait se réjouir de l'événement qui surprit l'Europe le 8 juillet 1878.

» Mais il y avait une raison curieuse et personnelle à sa satisfaction, qui ajoutera un chapitre nouveau à ce mystérieux récit, qui marche parallèlement à l'histoire et finira par en faire bientôt partie. Monseigneur est le troisième frère de la branche cadette des Lusignans. Son frère aîné porte les noms et titres de Léon de Lusignan, prince royal de Chypre, de Jérusalem et d'Arménie. Nous avons hâte d'ajouter que ces titres n'ont pas d'autres prétendants, et que les deux branches des Lusignans dont nous venons de parler n'ont pas l'intention de faire le siège de Chypre et de la reconquérir.

» Les titres du prince Louis de Lusignan (le chef de la branche aînée), qui habite à Saint-Pétersbourg, sont reconnus officiellement dans cette ville. Le prince Guy de Lusignan habite à Paris un joli hôtel (1) de l'avenue d'Eylau. C'est un homme à l'air doux et distingué. Son fils faisait des études à l'École spéciale de Brest pour entrer dans la marine française. Ces trois princes de Lusignan ont adressé, le 24 juillet, à lord Salisbury, la lettre suivante. »

(Suit, dans le *Times*, l'adresse des princes de Lusignan au ministre des Affaires étrangères d'Angleterre.)

Après le Congrès de Berlin, le prince Louis, chef des Lusignans en Russie, adressait à Mgr Nersès, patriarche des Arméniens de Turquie, la lettre suivante :

« *A Sa Béatitude Monseigneur Nersès, patriarche des Arméniens de Turquie.*

» Monseigneur,

» Les malheurs de cette chère Arménie, qui a eu pour rois mes ancêtres et qui a été défendue par eux au prix même de leur sang, m'ont toujours profondément intéressé ; et bien qu'obligé, par des circonstances indépendantes de ma volonté, de vivre loin de ma patrie, son bonheur, cependant, et son avenir ont été toujours l'objet de mon attention et de ma sollicitude toute particulière.

---

(1) Cet hôtel a été habité depuis par Victor Hugo.

» Je suis heureux de voir qu'elle a aujourd'hui pour
pasteur Votre Béatitude, qui dirige ses destinées avec un
patriotisme et un tact dignes de tous éloges. Grâce à vous et
à vos délégués, le Congrès de Berlin a posé la question arménienne devant le monde civilisé. L'avenir se chargera très pro-
chainement de la résoudre à l'avantage de cette antique nation
qui a pour mission d'éclairer l'Orient par les lumières de cette
Croix glorieuse pour laquelle elle a toujours répandu son
sang avec tant de foi et d'abnégation.

» Les Arméniens vous doivent être reconnaissants pour
le dévouement intrépide dont Votre Béatitude a donné des
preuves marquantes dans ces circonstances décisives; et le
représentant de leur dynastie royale croit de son devoir de
vous en témoigner sa pleine gratitude ainsi que sa haute
estime.

» Je suis également fier de voir qu'un membre de notre
Maison a, comme un vrai Lusignan, contribué énergique-
ment à l'impulsion que vous venez de donner à la sainte
cause arménienne. Le fils de mon regretté cousin, le
prince Georges (Youssouf Calfa Nar Bey) de Lusignan,
fils lui-même de mon oncle le prince Amaury (Youssouf
Nar Bey) de Lusignan, a consolé mon cœur en montrant
tant de dévouement à la mère patrie.

» Il m'est donc doux de constater que l'archevêque
Khorène a pleinement mérité la confiance que Votre Béatitude ainsi que la nation arménienne avaient mise en lui.
Mon éminent neveu soutiendra toujours avec honneur la
devise des Lusignans : « Pour loyauté maintenir. »

» De près comme de loin, mon cœur est avec ma chère
patrie. Je prie le Très-Puissant de conserver pour elle les
jours si précieux de Votre Béatitude, afin que vous puissiez

couronner dignement l'œuvre grande et belle que vous vous êtes imposée.

» Agréez, Monseigneur, les hommages de mon respect filial et de mon dévouement patriotique.

» *Signé :* Louis de Lusignan,

» Prince royal de Chypre, de Jérusalem et d'Arménie.

» Saint-Pétersbourg, ce 19 octobre 1878.
» Perspective de Nevsky.
» Maison Princesse Galitzin, 122. »

Peu de temps après, ce même prince écrivait au patriarche grec Joachim III en ces termes :

« *A Sa Sainteté Monseigneur Joachim III, patriarche œcuménique, etc., etc., Constantinople.*

» Très Saint Père,

» Aux prises avec les orages politiques, j'ai été forcé, depuis plusieurs années, de quitter ma patrie. Malgré mon éloignement, elle m'est toujours chère, et son progrès, son bien-être, son avenir forment l'objet de mes constantes préoccupations, dans un moment surtout où toute l'Europe a senti la nécessité de régler les destinées de l'Orient et où la Grande-Bretagne a voulu placer sous sa garde la vaste et royale île de Chypre, mon berceau, où le trône de mes augustes ancêtres a brillé d'un si vif éclat.

» Il m'est doux également, en ce jour solennel, de voir l'illustre siège de la grande Église orthodoxe d'Orient occupé

par un pontife digne en tout d'une aussi haute destinée. Vos
mérites éclatants sont non seulement constatés par la presse
européenne, mais ils viennent aussi d'être retracés avec
amour et reconnaissance dans une lettre à mon adresse de
mon cher neveu, S. Em. l'archevêque Khorène Nar Bey,
prince de Lusignan, qui a eu l'honneur de présenter ses
hommages à Votre Sainteté, au Patriarcat arménien, et
d'entendre de sa part des paroles d'encouragement à l'égard
de son talent littéraire et des loyaux services qu'il a rendus
dans la question arménienne, tant auprès des cabinets européens que de l'aréopage de Berlin. . . . .

» Vouer le plus profond respect à cette antique Église,
telle a été la tradition de notre royale famille, l'histoire le
consacre : on n'a pas encore oublié que mon oncle maternel,
l'archevêque Athanase, métropolitain de Nicomédie, a gagné
la palme du martyre et de l'immortalité avec le saint
patriarche Grégoire V, de bienheureuse mémoire, en l'an
1821, le jour de la résurrection du Rédempteur ! De nos
jours également, mon neveu l'archevêque de Lusignan, fidèle
aux traditions de ses ancêtres, n'a épargné aucune peine,
aucun effort pour l'avenir des enfants arméniens de cette
glorieuse Église; et je me glorifie de voir que Votre Sainteté
a daigné reconnaître gracieusement la fidélité et l'abnégation
de mon éminent neveu dans cette circonstance. . . . . . .

. . . .

» Je baise très respectueusement votre main sacrée en
confiant, Très Saint Père, à vos saintes prières et bénédictions apostoliques, ma personne et mon fils, ainsi que les
princes mes neveux, membres de la branche cadette de ma
Maison, représentés à Votre Sainteté par S. Em. l'archevêque Khorène, leur frère.

» Je reste toujours, avec hommage et respect, Très Saint Père, votre fidèle et obéissant fils en Jésus-Christ.

» *Signé :* Louis de Lusignan,

» Prince royal de Chypre, de Jérusalem et d'Arménie.

» Saint-Pétersbourg, ce 12/24 décembre 1878. »

Voici la réponse du patriarche Joachim III, traduite du grec, portant le n° 828 et revêtue du sceau patriarcal :

« Altesse Sérénissime,

» Par l'entremise de S. Em. l'archevêque Khorène Nar Bey, l'honneur et la gloire de la nation arménienne, nous avons reçu avec beaucoup de plaisir la très précieuse lettre de Votre Altesse Sérénissime, par laquelle elle a bien voulu nous féliciter pour notre ascension au très saint apostolique et œcuménique trône. En répondant donc avec beaucoup d'empressement et de profond plaisir, nous exprimons à Votre Altesse Sérénissime, du fond de notre cœur, nos remerciements, en priant toujours le bon Dieu de lui accorder, comme aussi à toute sa famille, une vie longue et heureuse et tout autre bonheur.

» Veuillez agréer les expressions de notre très haute considération.

» *Signé :* † Joachim,

» Patriarche de Constantinople.

» Constantinople, 3 février 1879.

» *A Son Altesse Sérénissime Monseigneur le prince Louis de Lusignan, prince de Chypre, etc., etc., Saint-Pétersbourg.* »

Le mois suivant, les princes Léon et Guy de Lusignan adressaient de Paris au même patriarche Joachim III, une lettre de remerciements, dont voici la teneur :

« *A Sa Béatitude Joachim III, patriarche œcuménique, Constantinople.*

» Très Saint Père,

» Dans la lettre pontificale que Votre Béatitude a bien voulu adresser à notre oncle S. A. R. Mgr Louis de Lusignan, prince royal de Chypre, de Jérusalem et d'Arménie, elle avait eu la gracieuseté de mentionner notre frère, l'archevêque Khorène Nar Bey de Lusignan, dans des termes éminemment flatteurs, et avait en même temps daigné nous honorer de sa bénédiction apostolique.

» Cette double marque de bienveillance de la part de Votre Béatitude nous a vivement touchés, et nous nous faisons un devoir de lui en exprimer notre profonde reconnaissance.

. . . .

» Votre Béatitude, en agréant nos prières pour la conservation de ses jours précieux, ne nous refusera pas sa bénédiction apostolique, et nous la prions de vouloir bien en même temps recevoir les hommages de notre très haute et très respectueuse admiration, avec laquelle nous avons l'honneur, Très Saint Père, de nous dire comme toujours,

» Vos très obéissants et très dévoués fils en Jésus-Christ.

» *Signé :* Prince Y.-Léon de Lusignan,
» Prince A.-Guy de Lusignan.

» Paris, boulevard Haussmann, 164.
» Le saint jour de Pâques 13/1 avril 1879. »

Mgr Joachim leur répondait la lettre suivante (traduction du grec) :

« Altesses Sérénissimes,

» Nous avons reçu avec une grande satisfaction votre précieuse lettre datée du premier courant, dans laquelle, d'après les sentiments élevés qui animent Vos Altesses, vous adressez des félicitations et des vœux, particulièrement à nous, et en général à la très sainte Église de Jésus-Christ de nos régions.

» En exprimant nos remerciements chaleureux à Vos Altesses, pour ces vœux et ces félicitations, nous prions le bon Dieu de vous rendre avec profusion tous les biens possibles, en conservant votre santé et celle de votre noble famille, intacte et ferme, afin que vous puissiez célébrer, pendant de longues années, les saintes fêtes de Pâques, avec la joie et la sérénité de votre âme si noble.

» De Vos Altesses Sérénissimes, le tout dévoué,

» *Signé :* † Joachim III,
» Patriarche œcuménique.

» Constantinople, le 19 avril 1879.

» *A Leurs Altesses Sérénissimes, Messeigneurs les princes Y.-Léon et A.-Guy de Lusignan, Paris.* »

L'illustre prélat, après avoir figuré avec un honneur et un éclat extraordinaires au Congrès de Berlin, comme délégué de la nation arménienne, parcourut, comme visiteur patriarcal, la Bulgarie, la Roumanie et l'Autriche. Il fut comblé d'attentions par les chefs de ces peuples et reçut leurs principales décorations. Le sultan lui avait accordé la plaque des Ordres du Medjidié et de l'Osmanié ; l'empereur de Russie le nomma commandeur de Sainte-Anne. En 1879, il accourait à Paris auprès de son frère Guy pour recueillir des sommes importantes, afin de soulager les Arméniens que la famine faisait périr par milliers. De retour à Constantinople, Mgr Khorène se consacrait aux travaux de son ministère et au bien-être de ses chères populations.

Voici comment M. Gresset dépeint le prince-archevêque Jean-Khorène de Lusignan :

Dans la vaste cité que baigne le Bosphore,
Où, splendide tableau, sur un miroir nacré,
Phébus vient prodiguer ses rayons, dès l'aurore,
Existe un saint prélat, du monde vénéré.
Frère du prince Guy, l'archevêque Khorène
Inspire le respect. Il a de Bossuet
L'éloquence sacrée, et sait, nouveau Mécène,
Encourager les arts dont il est le reflet.

Diplomate érudit, conciliant et sage,
Sur la brèche debout au moment opportun,
Il a, dans tous pays, montré sur son passage,
Le talent et l'esprit d'un sublime tribun.
D'abord en Bulgarie, ensuite en Roumanie,
En Russie, et naguère au Congrès de Berlin,
Il défendit les droits de sa chère Arménie,
Et du succès toujours aplanit le chemin.

Durant son court séjour dans notre belle France,
Poète gracieux, plein de verve et d'humour,
De Lamartine il sut gagner la confiance,
Et répandre en son cœur un éternel amour.
Présageant sa grandeur, l'auteur des *Harmonies*
L'appelait son enfant. Lisant dans l'avenir,
Il le voyait briller parmi ces grands génies
Dont l'histoire a, des noms, gardé le souvenir.

De ses vertus partout on peut suivre les traces ;
Hugo qui respectait sa robe et son blason,
Lui disait : « Vous avez le sang des vieilles races ;
Des nouvelles, l'esprit. » Le maître avait raison.
Ministre du Seigneur, il prêche la concorde ;
Apôtre du malheur, il défend l'opprimé
Qui trouvera toujours aide et miséricorde
En frappant au logis de Jean le bien-aimé.

Donnons ici la traduction du brevet impérial d'Osmanié :

« Mgr Khorène de Lusignan, archevêque arménien de
» Béchiktache, ayant été jugé en tout point, en considération
» de ses hautes et éminentes qualités, digne de mes hautes
» faveurs impériales, il lui vient d'être conféré, d'après mes
» ordres souverains et conformément à ce firman impérial,
» la décoration de l'Ordre sublime d'Osmanié de 2ᵉ classe.
» C'est pourquoi ce glorieux Bérat de Ma Majesté Impériale
» a été rédigé et délivré le 20 Rabbul évvél, an de l'hégire
» 1306 (13 novembre 1888). »

Ce document impérial de la plus haute importance a été
publié par tous les journaux de l'empire et de l'étranger. Le
Gaulois, de Paris, l'annonçait ainsi dans son numéro du
19 décembre 1888 :

« S. Em. le prince Khorène de Lusignan, archevêque de
Béchiktache, a été reçu jeudi en audience privée par S. M. I. le
sultan, qui lui a conféré la plaque en diamants de l'Osmanié,
en récompense des services signalés qu'il a rendus à la nation
arménienne. »

On peut admirer ce brevet impérial, en lettres dorées,
dans la galerie de tableaux de famille des princes de
Lusignan.

Une lettre de Constantinople, en date du 18 janvier 1882, révèle les efforts continus de l'archevêque de Béchiktache (Khorène de Lusignan) pour établir la pacification des esprits en vue d'une entente complète entre le Patriarcat arménien et le Catholicos de Sis en Cilicie. Ce sujet de discordes fut apaisé par le tact et le zèle de Mgr Khorène. A la fin du banquet qui réunit les dignitaires de ces Églises, le Catholicos de Sis prononça ces paroles, s'adressant à Mgr Khorène : « Votre cœur et votre patriotisme sont dignes du grand nom de Lusignan. Votre Éminence doit chérir mon siège de Sis par tradition et devoir de famille, car le roi Léon VI, un de vos aïeux, en avait fait sa capitale... »

La réconciliation de ces deux sièges, longtemps rivaux, fait époque dans les annales arméniennes. Aussi, l'année suivante, au moment où l'on parlait de la démission du patriarche des Arméniens, Mgr Nersès, qui voulait se retirer pour raisons de santé, après une visite officielle que S. E. Mavroyeni-Pacha avait rendue à Mgr Khorène, S. M. I. Abdul-Hamid désira personnellement que le prince-archevêque fût élevé au siège patriarcal d'Arménie.

Cependant le gouvernement de la Porte et les ennemis de l'éminent prélat ne lui pardonnèrent jamais d'avoir fait insérer dans le traité de San-Stefano l'article 16, et dans celui du Congrès de Berlin l'article 61, se rapportant aux réformes à introduire dans les provinces arméniennes, sous la garantie des puissances signataires du traité.

Aussi, l'an 1891, il fut accusé du crime de lèse-patrie et condamné à l'exil. La presse s'émeut ; les deux journaux mis en cause, l'*Observateur français* et le *XIXᵉ Siècle*, protestent hautement contre cette souveraine injustice ; l'archevêque reconnu innocent est remis en liberté le 18 février 1892, mais les poursuites tacites ne cessèrent pas. Il mourut subitement, par une cause inconnue, le 16 du mois de novembre de la même année, entouré de l'affection des Turcs comme des chrétiens. Sa mort si inattendue fut un deuil national et une perte irréparable. Cet éminent prélat, savant comme Étienne, un de ses ancêtres, et orateur comme Bossuet, ainsi qu'on l'appelait, après avoir rendu à la nation arménienne d'immenses services par son habile diplomatie, par son dévouement sans bornes et par ses chants et poésies patriotiques devenus si populaires, fut persécuté comme son divin Maître, jusqu'au sacrifice de sa vie. C'est un beau fleuron qui vient s'ajouter à la couronne que porte si dignement aujourd'hui, dans le silence et le travail, son illustre frère, S. A. Mgr Guy, devenu, depuis la mort de Youssouf-Léon, son aîné, le 12 octobre 1887, le chef de la branche cadette des Lusignans, et reconnu comme prince royal de Jérusalem, de Chypre et d'Arménie.

S. A. R. le prince
Youssouf-Léon.

Voici comment le *Gil Blas* relate cet événement dans son numéro du 20 octobre 1887 :

« Le prince de Lusignan qui vient de mourir obscurément à Saint-Denis, était le chef de la branche cadette des Lusignans, descendants directs des rois de Chypre, de Jérusalem et d'Arménie.

» Pendant de longues années, il avait été le fournisseur des équipements de l'armée ottomane, en société avec le baron Seillière (le père) et Dussautoy.

» Le chef de cette famille royale est aujourd'hui M. le prince Guy de Lusignan, ce gentilhomme si parisien, ami des lettres et des arts, dont le nom a quelquefois été rapproché de celui de Victor Hugo.

» On sait, en effet, que le grand poète a passé les dix dernières années de sa vie dans un coquet petit hôtel de l'avenue d'Eylau, appartenant à la gracieuse princesse Marie de Lusignan, grande-maîtresse de l'Ordre de Mélusine.

» Il nous revient, à ce propos, que les héritiers de Victor Hugo n'ayant point renouvelé le bail, l'hôtel serait à la veille de passer entre les mains d'un comité anglais. »

S. A. R. le prince Youssouf-Léon de Lusignan.

Le prince Guy commença ses études, très jeune, à Venise, et les compléta à Paris, où il s'est appliqué particulièrement à l'histoire générale et aux langues européennes. Érudit aussi profond que polyglotte consommé, il publia, dès l'âge de seize ans, des travaux remarquables d'histoire et de linguistique. Nommé préfet des études au collège Moorat, il contribua largement à développer l'essor de cet établissement, fondé par le bienfaiteur arménien dont il porte le nom. Les Arméniens voulant instituer à Paris, en 1856, une Ecole nationale supé-

S. A. R. le prince Guy de Lusignan.

5

rieure, se sont adressés au prince Guy. Son Altesse l'orga-
nisa et en fut le directeur. Ses travaux assidus minèrent sa
santé; il fut obligé de se retirer en 1859. M. Roulant, ministre
de l'Instruction publique et des Cultes, lui en a témoigné ses
regrets par une lettre très flatteuse.

En 1860, le prince entreprit un voyage en Russie, muni
d'un ukase impérial. Dès 1858, le sultan Abdul-Medjid, père
du sultan actuel, appréciant hautement les services signalés
que ce prince rendait à son empire, lui conférait le grade
d'*Oula senfe ewêl*, titre qui équivaut à celui de général de
division, lui donnait la plaque de l'Ordre du Medjidié et un
souvenir magnifique dans deux audiences privées. Le czar
Alexandre II et plusieurs autres souverains s'empressèrent
d'imiter l'exemple du sultan et se plurent à honorer le prince
Guy de leurs décorations et de leurs précieux souvenirs.

> Gentilhomme accompli, bon tout autant qu'affable,
> Il excelle surtout par sa distinction;
> On ne peut rencontrer de causeur plus aimable,
> On sent auprès de lui naître l'attraction.
> Il sait des passions éviter les orages;
> Hugo fut son voisin et son admirateur.
> En Grèce il eût pris place au milieu des sept sages,
> Du faible n'est-il pas l'ami, le protecteur?
> Illustre rejeton d'une immortelle race,
> Prince loyal et bon, toi qui de tes aïeux
> Au chemin de l'honneur poursuis la noble trace,
> Sans souci des propos, des sots, des envieux,
> Qui, joignant la science à la philosophie,
> Dédaignant les honneurs que comporte ton rang,
> Au sort des malheureux as consacré ta vie,
> Sois à jamais béni, tu tiens bien de ton sang.

S. A. R. la princesse
Marie de Lusignan.

C'est en France, sa patrie d'adoption, que Son Altesse a
choisi la compagne de sa vie. La comtesse Marie Godefroy
Le Goupil mérita, par ses vertus, ses talents et sa beauté, de

devenir sa royale épouse. La jeune princesse se dévoua aussitôt au soulagement des infortunes et sut faire apprécier ses innombrables qualités, non seulement de son illustre mari, mais encore du monde littéraire et artistique. Douée d'une voix superbe de soprano et d'un talent magnifique, consacrés uniquement au profit des œuvres de charité, elle conquit une renommée universelle et les titres les plus enviables : *l'Ange du bien, la Providence des malheureux, la Bienfaitrice de l'humanité.*

La lettre de Mme la comtesse Foucher de Careil, alors ambassadrice de France à Vienne, l'éminente présidente de l'Association des Dames françaises, en fait foi :

« Madame la Princesse,

» Je viens vous remercier du concours que vous voulez bien apporter à l'Association des Dames françaises. Elles sont heureuses de compter Votre Altesse parmi elles. Votre nom, Madame, qui est celui de la Charité, accroîtra encore leur zèle et leur dévouement.

» Veuillez agréer, Madame, l'expression de mes sentiments les plus distingués.

» *Signé :* Comtesse Foucher de Careil.

» Vienne, ce 10 février 1886.
» Ambassade de France, place et palais Lobkowitz. »

Victor Hugo, locataire de la maison appartenant à la famille de Lusignan, admirait l'exquise nature de l'aimable princesse. Voici la lettre que le poète lui adressait le jour du cinquantenaire d'*Hernani :*

« Entre nos deux âges, Madame, il y a la place d'un cinquantenaire d'*Hernani.* Mes quatre-vingts ans offrent leurs respects à vos trente ans, et mes vieilles lèvres baisent vos jeunes mains. »

La princesse Marie de Lusignan avait vu se grouper autour d'elle une foule de personnes distinguées par leurs talents et leurs vertus, professant l'amour du prochain et la religion du Beau et du Grand. Le nombre de ceux qui aspiraient à l'honneur d'appartenir à cette phalange d'élite, devenant de jour en jour plus considérable, Son Altesse, mue par une pensée pieuse et délicate, décida, de concert avec son illustre famille, *de rattacher le présent au passé glorieux de sa Maison*. C'est ainsi que l'Ordre antique et célèbre de Mélusine fut réinstitué le 15 août 1881 par la princesse Marie de Lusignan, qui le destina à servir l'humanité, à protéger les arts, les sciences et les lettres, et à soulager les misères (1).

Au pays poitevin, une légende antique
Qu'on retrouve aujourd'hui chez de nombreux auteurs,
Mensongère dit l'un, d'après l'autre authentique,
Car tout donne, ici-bas, prise aux contradicteurs,
Raconte qu'une fée, ayant nom Mélusine,
Célèbre par son tact et sa lucidité,
Portant buste de femme, et d'un serpent l'échine,
Des Lusignans, jadis, fonda la royauté.

On affirme en Poitou qu'un coup de sa baguette
Fit surgir un beau soir sur un riant coteau,
Un castel ayant tours, créneaux et girouette
Qui des sires devint le fief et le berceau.
L'histoire dit aussi qu'elle y fut enfermée
Durant de longues nuits, en un noir souterrain,
Jusqu'au jour où Raymond, pour l'avoir trop aimée,
La perdit pour toujours et mourut de chagrin.

---

(1) Il devint comme un emblème destiné à resserrer les liens qui l'unissaient à ceux dont elle voulait honorer les mérites, le dévouement pour sa famille et la coopération effective à ses bonnes œuvres.

S. A. R. la princesse Marie de Lusignan.

Ce fut en souvenir de cette vieille idylle,
Et pour récompenser, sublime mission,
Les exploits des croisés, que la belle Sibylle,
Digne épouse de Guy, dernier roi de Sion,
Créa l'Ordre royal de la chevalerie
Dont, de fournir le nom, Mélusine eut l'honneur,
Et que, de Lusignan, la princesse Marie,
Vient de faire revivre en toute sa splendeur.

Un bijou, cette croix, de grâce et de finesse,
Où l'argent, avec goût, s'entremêle à l'azur,
Et qu'entoure une grecque à l'élégante tresse,
Formant un tout parfait, du travail le plus pur.
Chypre, Jérusalem, Lusignan, Arménie,
En emblèmes divers, composent l'écusson
Dont le cadre, fermant la savante harmonie,
Supporte la couronne en brillant étançon.

Des actes de vertu, cet Ordre est le symbole,
Et ne doit reposer que sur les nobles cœurs
A la caisse du pauvre apportant leur obole,
Pour chasser la misère et calmer les douleurs.
Son but est, avant tout, un but humanitaire
Resserrant les liens de la fraternité,
Car sa grande-maîtresse est l'ange tutélaire
Dont l'unique plaisir se nomme Charité.

Cette résurrection d'un ordre chevaleresque en plein xixe siècle et que chanta si bien Victor Gresset, fit sensation à Paris et ailleurs. Elle fut accueillie avec empressement et avec reconnaissance non seulement par les savants, les artistes et les humanitaires, mais encore par les têtes couronnées et par ceux qui s'intéressent aux glorieux souvenirs du passé.

L'année suivante, Marie de Lusignan travaillait à la fondation de l'*Arménophile*, dont les statuts, soumis aux pouvoirs publics, devaient être publiés le 12 avril. Cette société internationale de bienfaisance avait pour but d'élever en France des jeunes Arméniennes orphelines. Leur éducation achevée, ces jeunes filles devaient retourner en Orient, en y portant les principes de la civilisation française et devenir, à leur tour, institutrices.

Cette œuvre admirable de charité chrétienne n'a pas été autorisée par la République sur la demande du gouvernement intéressé, qui la considérait, à tort, comme une pépinière destinée à répandre dans son pays, avec l'éducation française, des germes de liberté.

Une princesse russe, fort connue du monde parisien, la pria, un jour, de lui montrer ses bijoux qui, pensait-elle, devaient être magnifiques. Après un moment de silence, l'auguste princesse Marie répondit avec le délicieux sourire qui lui était habituel : « *Mes bijoux, Altesse, sont mes pauvres.* »

Ces nobles paroles ont inspiré, encore ces jours-ci, à M. le chanoine Benedetto Flauti le beau sonnet suivant, publié le 30 septembre 1894 dans la *Gazzettino Artistico* de Florence :

Alma regal, più grande ancora e bella
   per la immensa pietà che alberghi in petto;
   oggi il mondo ti applaude, ed inorpella
   la festa tua del suo più grato affetto.

Dovizie, ingegno e quanto mai t'abbella,
   tutto a pro di chi langue hai tu diretto;
   il povero dal cor non ti cancella,
   e Dio sorride al Nome tuo diletto.

Lo so - vi fu chi ti gridò : *che festi ?*
   ove son le tue gemme e la grandezza
   de le dovizie che dal Cielo avesti ?

E tu, modesta ne la tua bellezza,
   additandole i poveri, dicesti :
   ecco le gemme mie, le mie ricchezze !

Victor Hugo était devenu l'ami des Lusignans et le respectueux admirateur de la princesse. Dans les dîners qu'il

donnait en l'honneur de Leurs Altesses Royales et auxquels
des ministres et des sénateurs étaient invités, au lieu de
s'asseoir en tête de la table, comme il en avait l'habitude, le

Plaque de l'Ordre de Mélusine.

poète déclinait la présidence en faveur de la princesse, pour
se réserver une place à ses côtés, lui rendant ainsi les
honneurs souverains.

On sait que c'était chez le poète une règle absolue de ne

faire aucune visite. L'empereur du Brésil lui en fit plusieurs ; Victor Hugo ne lui en rendit aucune. Mais un soir d'avril, le poète revêtit son manteau couleur de muraille, et, furtif, comme un assassin qui va perpétrer un crime, il se rendit vers l'habitacle princier. C'est que la princesse lui avait fait don de sa photographie. Mais en prenant congé de ses hôtes : « Je vous en supplie, fit-il, n'en dites rien à personne ; il y a autour de moi des présidents de République qui en seraient jaloux. »

Les sociétés lyriques de France et d'Italie ont couronné Marie de Lusignan, qui était désignée sous le nom de *Diva royale*. Les artistes, les écrivains, les compositeurs lui dédiaient leurs œuvres. Le patriarche de Jérusalem lui a conféré l'Ordre du Saint-Sépulcre, comme à la très digne descendante des reines de Jérusalem ; le Vénézuéla lui a offert l'Ordre du Mérite artistique et la plaque du Libérateur. Un grand nombre d'académies ont proclamé hautement ses mérites et ses bonnes œuvres. L'Ordre pontifical des Avocats de Saint-Pierre lui conféra le titre de présidente d'honneur de ses dames patronnesses ; elle sut témoigner à l'institution divine de la Papauté et aux œuvres catholiques sa foi inébranlable et son inépuisable charité. Quelle magnifique union que celle d'un prince, digne descendant d'une des plus grandes familles d'Europe, avec une femme qui mérita, par ses qualités enchanteresses, d'être appelée la *Nouvelle Fée Mélusine !* Mais le bonheur, ici-bas, est de courte durée. Marie de Lusignan fut bientôt enlevée à l'affection des siens qui l'adoraient, à l'amour des malheureux dont elle était la providence, à l'admiration des artistes dont elle se montra la généreuse protectrice. Dieu la rappela à lui le 22 septembre 1890. Cette mort inattendue fut une perte immense, et le deuil le plus profond dans lequel était plongée la Maison royale de Lusignan, fut vivement ressenti de toute l'Arménie et du monde entier.

Les années n'ont pas diminué ce regret universel qui se manifeste sans cesse, de près comme de loin, par des lettres et par de touchantes poésies. Citons celle publiée, le 18 novembre 1894, à l'occasion de l'anniversaire de sa mort, par la revue *Religione et Patria : Une Larme sur la Tombe de la Princesse de Lusignan* :

UNA LAGRIMA SULLA TOMBA

Della Principessa de Lusignano

E chi detto ci avria che il cor dolente
  pianger di Te dovesse, angiol diletto,
  e che giovane ancor, muta, pallente,
  Tu fossi stesa sul funereo letto ?

Di elevati pensier piena la mente
  calda, pei cari tuoi di tanto affetto ;
  gentil, pietosa, pia, casta, clemente ;
  d'ogni eletta virtude ornavi il petto.

O come afflitto ahimè ; lasciasti al mondo
  l'illustre sposo ch'ancor piange e anelo
  il riso chiede del tuo amor giocondo.

Deh ! nella notte, avvolta in roseo velo
  vieni al Consorte e con desio profondo
  bacialo e grida : *son lassù nel cielo !*

ANNETTA CREARI NEI BINI

De cette union, qui fut un court rayon de soleil dans la vie du prince Guy, sont nés deux enfants : Émilie-Gabrielle et Léon-Amaury-Gaston.

ion des deux bran-
ches de la Maison
royale.

En 1869, une requête avait été présentée à Napoléon III par les princes de Lusignan ; mais la guerre franco-allemande interrompit cette négociation, entamée dans les conditions les plus favorables.

Le 2 mai 1878, le prince aîné Louis de Lusignan, en sa qualité de chef de la Maison royale, invita officiellement ses neveux à abandonner les noms d'emprunt qu'un sentiment de circonspection leur avait fait adopter. Voici la lettre de ce prince et la déclaration officielle par laquelle il reconnaît ses neveux comme membres de la branche cadette des Lusignans :

« Mes chers neveux,

» En ma qualité de chef de la famille royale de Lusignan, je vous invite à reprendre ce nom vénéré. C'est là votre droit incontestable, et je ne veux plus désormais que vous hésitiez à en user.

» J'ai donc donné ordre au notaire des Affaires étrangères de dresser un acte formel, par lequel je vous reconnais et vous déclare pour mes neveux de la branche cadette de notre famille royale de Lusignan.

» Je vous enverrai bientôt cet acte dûment légalisé, et je veux qu'il soit considéré, ainsi que la présente, comme déclaration officielle du chef de la famille royale de Chypre, de Jérusalem et d'Arménie.

» Votre affectionné oncle,

» *Signé :* LOUIS DE LUSIGNAN,
» Prince royal de Chypre, de Jérusalem et d'Arménie.
» Saint-Pétersbourg, 2 mai 1878. »

Suit la signature du notaire public Guillaume King, certifiant véritable la signature du prince Louis, fils de Christodoulos.

Voici la déclaration officielle faite en faveur des princes Léon, Guy et Khorène de Lusignan :

« Moi, soussigné, Louis de Lusignan, descendant de la branche aînée de la famille royale des Lusignans de Chypre, de Jérusalem et d'Arménie, reconnais les princes Léon-Youssouf Nar Bey de Lusignan, Guy-Ambroise Nar Bey de Lusignan et Jean-Khorène Nar Bey de Lusignan, pour mes parents et cousins de la branche cadette de notre famille royale, et je déclare qu'ils ont le droit de porter les armes des Lusignans et de participer à tous les *droits, privilèges* et *honneurs* dus à notre famille royale.

» En foi de quoi, je leur ai délivré la présente déclaration en trois exemplaires originaux, contresignés de mon nom et revêtus du sceau royal des Lusignans.

» *Signé :* LOUIS DE LUSIGNAN,
» Prince royal de Chypre, de Jérusalem et d'Arménie.

» Fait à Saint-Pétersbourg, le 26 mai de l'an du Christ 1878. »

Suit encore la signature de Guillaume King, du même jour, légalisant la déclaration du prince Louis, fils de Christodoulos.

Au consulat de France à Saint-Pétersbourg, le 8 juin 1878, le chancelier Théodore Meyer légalisait la signature de M. King sous le n° 118.

La convention du 4 juin 1878 a imposé aux deux branches de cette illustre Maison, le devoir de s'unir étroitement pour faire valoir auprès du gouvernement anglais leurs droits sur l'île de Chypre. L'adresse que le prince Louis, de concert avec ses cousins, envoya au cabinet de Saint-James le 24 juillet

Les revendications des princes reconnues légitimes.

de la même année, fut publiée par le *Times* le 12 août suivant, avec un long article sur la valeur des droits invoqués. Cette question fut aussi pleinement traitée par les principaux organes de la presse européenne, car les revendications des Lusignans, reconnues légitimes, suscitent à l'Angleterre des difficultés qu'elle n'avait point prévues au moment de la signature du traité. Une nouvelle requête, accueillie aussi favorablement, fut enfin adressée en 1879 par le prince Louis, au nom de ses cousins, à lord Dufferin, ambassadeur d'Angleterre à Saint-Pétersbourg. Malgré le mutisme de l'Angleterre, il est difficile d'admettre, comme le faisait judicieusement remarquer le *Golos*, dans son numéro du 31 juillet 1879, que les droits des descendants des anciens rois de Chypre ne soient point reconnus, lorsque le sort de l'île sera définitivement réglé. L'Angleterre devant acheter à la Turquie les domaines royaux de Chypre, cette question sera nécessairement débattue et tranchée.

Par une heureuse coïncidence, les deux branches de la Maison de Lusignan, providentiellement conservées au milieu de tant de désastres, sont encore étroitement unies à l'Arménie et à la Grèce. C'est pourquoi, à la chute du roi Othon, les organes autorisés de la presse proposèrent aux Grecs d'élire un de ces princes pour leur souverain.

On lisait en effet dans l'*Abeille du Nord,* un des grands journaux de Saint-Pétersbourg, numéro du 28 janvier 1863, l'article suivant que nous reproduisons en entier, traduit. du russe :

DES CANDIDATS AU TRÔNE DE GRÈCE

« Voici encore une nouvelle candidature pour le trône de Grèce, représentée par deux personnes habitant la Russie, dont les ancêtres régnèrent jadis sur un peuple de la même race et de la même origine que le peuple grec.

. » Nous voulons parler d'une des plus anciennes familles de l'Europe, de la famille de Lusignan, qui commença à

S. A. R. le prince Louis de Lusignan.

régner du temps des croisades et régna pendant plus de trois cents ans en Orient, précisément à Jérusalem, à Chypre et en Arménie. Les membres de cette famille se trouvaient en proche parenté avec deux dynasties impériales de Bysance, avec la dynastie des Cantacuzènes et celle des Paléologues.

» Les descendants de la dynastie royale des Lusignans existent encore, et les derniers représentants de cette dynastie sont deux personnes, le père et le fils. Le premier est le

prince Louis de Lusignan et le second le prince Michel de
Lusignan, actuellement encore mineur. Ces deux princes
appartiennent à l'Église d'Orient. Ce sont eux qui sont justement les nouveaux candidats au trône de Grèce actuellement
vacant.

» Nous ne trouvons pas inutile de dire que si les Hellènes
voulaient prendre en considération la religion de ces princes,
ainsi que cette circonstance que leurs ancêtres régnèrent sur
un peuple de la même race grecque, et principalement s'ils
avaient égard aux liens de parenté qui unissent les princes
de Lusignan aux anciens empereurs de Bysance, ils trouveraient que la candidature de ces deux princes, comparative-
ment à toutes celles qui ont été mises en avant, leur présente
*le plus d'avantages, et a le plus de droits à la couronne de
Grèce.* »

Mais, alors comme aujourd'hui, les Lusignans ont toujours vécu en dehors de toute ambition dynastique; ils en
ont donné l'assurance dans l'adresse qu'ils envoyèrent au
ministre des Affaires étrangères du cabinet de Saint-James.

A la mort du prince Louis, arrivée le 21 juin 1884, son
fils unique, le prince Michel, est devenu le chef de la branche
aînée des Lusignans. Voici en quels termes le *Nouveau Temps*
de Saint-Pétersbourg annonçait la mort de ce vénérable
prince, sous le n° 2986, le 22 juin (4 juillet) 1884 :

« Le 21 juin, le Très-Haut a rappelé à lui le représentant des défenseurs du Saint-Sépulcre, portant le titre de
roi de Chypre, colonel en retraite de l'armée russe, S. A. R. le
prince de Chypre, de Jérusalem et d'Arménie, prince sérénissime Louis de Lusignan, âgé de soixante-dix-sept ans.

» Son fils, le prince royal Michel, porte à la connaissance
de tous ce triste événement, et prévient que la levée du corps

et l'inhumation au cimetière de Smolensky auront lieu le samedi 23 juin, à neuf heures du matin, etc. »

Tous les journaux ont annoncé la mort du prince Louis.

S. A. R. le prince Guy de Lusignan.

Les journaux semi-officiels de Constantinople, *le Tarik* (turc) et *la Turquie* (français), ont publié que le défunt prince Louis était l'oncle de l'archevêque Khorène de Lusignan, dont les frères, les princes Léon et Guy, habitent Paris depuis long-temps et se sont illustrés dans la finance et dans la littérature.

Le prince Michel s'est fait un nom dans la littérature

6

russe. Il jouit à la cour du czar des honneurs dus aux princes royaux.

Le prince Guy, chef actuel de la branche cadette des Lusignans, s'illustre par des œuvres humanitaires, des ouvrages scientifiques et de magnifiques travaux littéraires et polyglottes.

Œuvres littéraires de S. A. R. le prince Guy de Lusignan.

S. A. R. le prince Guy poursuit le noble but d'initier l'Orient à la civilisation européenne avec la langue et l'influence françaises et de faire connaître l'Orient à l'Europe. Membre de la Société des Études historiques de France, de la Société asiatique de Paris, de la Société d'Ethnographie de France, et haut protecteur de nombreuses Sociétés et Académies de France et de l'étranger, il a publié beaucoup d'ouvrages, parmi lesquels nous citerons les plus connus :

1. *Histoire universelle* (Venise, 1851), en six volumes ;

2. *Guides de Conversation* en français, en arménien, en turc et en anglais (Paris, nombreuses éditions);

3. *Calligraphie arménienne* (Paris, 1853, plusieurs éditions); ouvrage très remarquable, où le type des caractères arméniens est ingénieusement modifié d'après les écritures européennes, et qui a obtenu le premier prix à l'Exposition universelle de 1855 ;

4. *Histoire sainte* (Théodosie, 1860, in-octavo avec 150 gravures);

5. *Abrégé d'Histoire sainte* (Théodosie, 1862) ;

6. *Dictionnaire arménien-français* (1), (Paris, plusieurs éditions);

---

(1) S. M. Alexandre II, empereur de Russie, témoigna sa haute satisfaction de la dédicace à lui faite de cet ouvrage, en faisant parvenir à l'auteur un magnifique souvenir et les insignes de l'Ordre de Saint-Stanislas.

7. *Dictionnaire français-turc* (Paris, plusieurs éditions);

8. *Traité de Géographie* (Théodosie, 1862);

9. *Dictionnaire arménien-turc* (Théodosie, 1864) ;

10. *Lecture pour tous* (Paris, 1867).

Son Altesse a traduit en arménien divers ouvrages français, dont voici les principaux :

1. L'*Éducation des Filles*, de Fénelon (Venise, 1850 — Paris, 1857, avec le texte en regard);

2. *Paul et Virginie* (Paris, 1856; deux éditions, l'une illustrée, l'autre avec le texte français) ;

3. *Télémaque* (Paris, 1859, in-12, avec le texte — 1860, grand in-8° illustré), magnifique édition.

Il a aussi dirigé, de 1857 à 1859, la *Colombe du Massis*, revue arméno-française illustrée, et publié différents articles d'érudition, de philologie et d'économie sociale dans des revues françaises et arméniennes. Le *Grand Dictionnaire de Géographie et d'Histoire* en deux volumes, de Dezobry et Bachelet, chez Delagrave, lui doit les savants articles concernant l'histoire, la géographie et la littérature arméniennes.

Mgr le prince de Lusignan a également plusieurs ouvrages inédits :

1. Deux *Grands Dictionnaires français-arménien et français-turc,* les plus complets dans leur genre;

L'impression du *Grand Dictionnaire français-arménien* est déjà commencée. Et voici l'opinion qu'en émet un savant philologue arménien après examen des quelques feuilles : « Ce Dictionnaire, ce chef-d'œuvre qui est sous presse, comblera plus d'une lacune dans la littérature arménienne moderne ; il montrera en même temps la richesse inépuisable de notre langue.

» Trouver les équivalents arméniens des mots techniques et scientifiques restait jusqu'à présent un problème ardu, insoluble... Vous l'avez résolu ! C'est l'œuvre de toute une académie.

» Votre Dictionnaire rendra indubitablement un immense service à la nation. Votre œuvre sera le couronnement de tous les ouvrages analogues qui ont été publiés antérieurement. En un mot, vous laisserez à la postérité une œuvre immortelle, ainsi que votre nom illustre et aimé... »

2. Une *Histoire de Napoléon Ier* ;

3. Une *Histoire universelle* (édition remaniée) en dix volumes ; œuvres impatiemment attendues des bibliophiles.

Le sultan Abdul-Hamid II, appréciant comme son père les travaux remarquables de l'auguste descendant des rois de Chypre, qui a vaillamment contribué à répandre dans son empire la langue et la civilisation françaises, a voulu lui donner un témoignage public de son estime, en demandant pour sa bibliothèque privée un exemplaire de ses ouvrages.

Le grand intérêt que S. A. le prince Guy porte aux arts et aux lettres et les nombreuses preuves qu'il en a données ont inspiré de nombreux poètes, dans les œuvres desquels nous avons fait choix de la jolie pièce suivante que nous sommes heureux de reproduire :

A Son Altesse Monseigneur le Prince Guy de Lusignan

REQUÊTE

Votre plus grand bonheur, c'est d'encourager l'art,
D'offrir au débutant à son point de départ
    Une main pure et franche,
Lui permettant d'aller franchement de l'avant,
Confiant en sa foi, croyant en son talent
    Vers la colline blanche !

Le sculpteur inspiré trouve un sujet nouveau
Et le marbre renaît, sous son jeune ciseau.
    Serait-ce un Michel-Ange ?
Pourquoi pas ? Le génie, un don du ciel tombé,
Révèle à l'univers un enfant ignoré
    Qui grossit la phalange...

Le peintre s'enflammant veut l'avenir réel,
Il rêve aux grands anciens : Murillo, Raphaël...
    Puis aux riches modernes.
Mais qu'ils sont loin, ceux-là, des anciens si puissants !
Les vieux faisaient de l'art, eux sont des commerçants,
    Les affreuses badernes !

C'est encore un rêveur que ce gentil blondin,
Qui paraît écouter quelque rythme lointain,
    Un fervent de musique ;
Meyerbeer et Schumann, voilà ses professeurs...
Et ses productions n'auront pas tant d'honneurs.
    La gloire est tyrannique !

Mais que veut celui-ci ? ce dément, ce rêveur ?
Quels mots murmure-t-il ? Amour... beauté... mon cœur !
    Dieu que cet être est bête !
Halte-là, taisez-vous ! Et mettez chapeau bas,
Ce rêveur, ce dément, on ne l'insulte pas :
    Saluez le Poète !

Et par vos bons conseils vous guidez ces esprits,
Ces gloires de demain ne réclament pour prix,
    De leur belle vaillance
Qu'un souvenir aimant, fidèle, indéfini.
C'est ainsi qu'on devient, Prince, le grand ami
    Des artistes de France !...

                                        CHEMINADOUR.

Février 1895.

Voici un curieux acrostiche qui est dédié au prince Guy :

A UN AMI DES LETTRES

G rand, généreux et bon, de race noble et fière,
U n air doux, sympathique, et d'une allure altière,
Y olande l'eût compris en ses élans divins !

D iseur fin, érudit, ami de la lumière,
E t dédaignant toujours les poseurs et les vains.

L aissons ici vraiment toute la modestie.
U n humble veut avoir sa vive sympathie
S i précieuse, hélas ! en ce siècle blasé.
I l n'en est de plus franc et de plus reposé.
G énéreux à l'excès, mais Prince de la plume,
N arguant le sot — de la noble race qu'allume
A chaque émotion, le feu le plus sacré...
N 'aimant que le talent, le talent consacré !

L. Brouazin.

Nous ne pouvons mieux faire pour compléter ce qui
vient d'être dit sur S. A. R. le prince Guy, que de reproduire
l'intéressant article suivant, que nous extrayons du très
littéraire et artistique journal *la Mandoline* (numéro du
1er juillet 1895) :

A S. A. R. LE PRINCE GUY DE LUSIGNAN

« Dans le siècle de lucre et de scepticisme écœurant où
nous sommes, il est agréable, consolant même, d'avoir
occasion de parler de certaines catégories d'hommes que
leur naissance et leur haute situation sociale semblent pré-
destiner aux seules douceurs du *farniente*, et qui professent

au contraire, avec une grande élévation de sentiments, le culte de la littérature, des arts, des sciences et surtout de la philanthropie.

» Cette inclination marquée vers le bien, que d'aucuns considèrent comme un devoir simple et par cela même aisé, est encore plus méritoire lorsqu'on la retrouve chez des sujets que la fortune a comblés de ses dons et qui préfèrent, néanmoins, délaisser la vaine gloire et les frivoles plaisirs, pour s'imposer la louable mission d'aider, de soutenir, d'encourager et d'éclairer leurs semblables par les bienfaits qu'ils prodiguent aussi bien par leur argent, que par la production d'œuvres saines, utiles, destinées à rapprocher les peuples que des malentendus seuls tiennent éloignés.

» Parmi ces hommes d'élite, il en est un, dont le nom est synonyme de loyauté et d'honneur, glorieux patrimoine légué par d'illustres aïeux, et qu'il tient, lui, non seulement à maintenir intact, mais à perpétuer par le grand savoir dont il est doué.

» Je veux parler de S. A. R. le prince Guy de Lusignan, le digne héritier de cette souche de rois qu'illustrèrent tant de hauts faits, et dont la renommée de grande vertu rayonne encore après des siècles, comme un soleil bienfaisant, sur Chypre, Jérusalem et l'Arménie, dont l'aïeul fut le roi bien-aimé, mort à Paris le 29 novembre 1393.

» Depuis la mort du prince Léon, survenue le 12 octobre 1887, S. A. R. le prince Guy de Lusignan est devenu le chef de la branche cadette de cette famille.

» Malgré la sympathie qu'il conserve aux pays d'Orient qui lui rappellent tant de souvenirs attachants, S. A. R. le prince Guy de Lusignan est toujours resté Français par le cœur comme il l'est par son origine.

» Une vive et profonde amitié le rattache à la France,

amitié qui s'affirma encore plus le jour où il prit pour
compagne de sa vie, une Française, Mme la comtesse Marie
Godefroy Le Goupil, dont le charme, la beauté, l'esprit et les
vertus décidèrent son choix. Et depuis, il s'est fixé définitivement dans ce beau pays de France qu'il a toujours tant
aimé.

» S. A. R. le prince Guy de Lusignan habite une villa à
Neuilly, qui renferme, outre des collections d'objets rares et
précieux, par leur valeur intrinsèque aussi bien que par les
souvenirs qu'ils représentent, des manuscrits, des auto-
graphes provenant de toutes les familles régnantes.

» C'est là, qu'au milieu d'un amoncellement de livres, de
cartes et de papiers, il passe une partie de son existence à
écrire ; car Son Altesse Royale est non seulement un érudit
fin et délicat, mais aussi un grand polyglotte.

» Victor Hugo le tenait en très grande estime et rendait
volontiers hommage à son grand talent d'écrivain histo-
riographe.

» Sous ses dehors graves, presque austères, on est étonné
de trouver autant de simplicité que de douceur, d'affabilité
et de grâce. Sous son air langoureux qui rappelle l'Orient,
on voit briller des yeux dont la douce rêverie vous enveloppe,
et il n'est personne qui, ayant eu l'honneur d'être reçu chez
lui, ne proclame le charme irrésistible de sa conversation, la
sympathie presque affectueuse qu'il vous inspire.

» D'une nature droite, loyale, il possède un cœur noble,
bon et généreux, accessible à tous les maux, et on dirait qu'il
éprouve comme un impérieux besoin de faire le bien. Aussi
sa générosité est-elle bien connue et appréciée de tous ceux
(et ils sont nombreux) qui l'ont sollicitée.

» Il faudrait qu'il existât beaucoup d'hommes de valeur,
de talent et de cœur comme S. A. R. le prince Guy de

Lusignan, pour que l'humanité souffrante pût réaliser pacifiquement la vraie question sociale.

. » Que sa grande modestie veuille bien me pardonner ma petite indiscrétion, mais j'ai pensé qu'il était utile qu'un hôte de la France aussi digne et aussi estimable, fût connu de tous et il m'est particulièrement agréable de lui rendre un sincère hommage, en lui dédiant les vers suivants :

» Prince héritier des rois de Chypre et d'Arménie,
» Ton rêve est de pouvoir servir l'humanité :
» Aussi, consacres-tu les loisirs de la vie,
» A la science, aux arts, à la fraternité.

» Dans ton cœur noble et bon, avec amour résonne
» L'écho de la vertu de tes dignes aïeux ;
» Et ta royale main, à tous, sans compter, donne.
» Soulager le malheur, semble te faire heureux.

» Puissent tes grands bienfaits, t'auréolant de gloire,
» Préparer ton chemin vers l'immortalité ;
» Est-il un plus beau titre à léguer à l'histoire,
» Pour rehausser l'éclat de ta postérité ?...

» Louis Petrocchi. »

Nous avons dit que Son Altesse avait eu de la princesse Marie deux enfants : Emilie-Gabrielle et Léon-Amaury-Gaston. La première a épousé le marquis Gérard de Naurois, neveu du comte Édouard de Naurois, fondateur-bienfaiteur de l'Orphelinat des Alsaciennes-Lorraines du Vésinet.

Les enfants de Son Altesse Royale : la princesse Émilie-Gabrielle, le prince Léon de Lusignan.

Le frère, plus jeune, a fait ses études à Londres, en Allemagne et à Paris ; à la suite de brillants examens, il conquit ses grades universitaires ; M. Edgar La Selve avait été son précepteur. Le prince Léon est resté plusieurs années en Turquie : il avait accepté du sultan, en 1882, des fonctions

administratives à la Sublime-Porte, mais des questions politiques ultérieures lui firent donner sa démission.

Il a été élevé par Abdul-Hamid II au grade de *Mutémaïz
senfe ewél,* qui correspond en France à celui de colonel.
Toutes les pièces officielles du prince Léon émanant du
Grand Ottoman, portent le nom de prince de Lusignan.

Traduction du brevet de Mutémaïzi-Sani (colonel) :

« Le noble et illustre Léon, prince de Lusignan, membre
du Bureau de la Presse étrangère de la Sublime-Porte, ayant
bien mérité de la haute bienveillance du Gouvernement
ottoman, conformément à l'ordre et à la volonté glorieuse de
S. M. I. le Sultan, le grade de Mutémaïzi-Sani (colonel)
a été accordé au susdit noble personnage à titre de faveur
impériale. »

Traduit par M. Kalpakdjian, répétiteur de turc à l'École
des langues orientales de Paris.

Le prince Léon réside aujourd'hui à Paris, où il colla-
bore aux travaux importants de son illustre père.

Le *Magazine Français Illustré* écrivait de lui : « Sous
un pseudonyme strictement gardé, le jeune prince G.-Léon
de Lusignan, d'une plume gracieusement virile, d'un style
clair, enchante ses lecteurs, en les initiant aux beautés des
pays lointains où si longtemps régnèrent ses illustres ancêtres. »

Citons les vers de M. Gresset :

> Le prince n'a qu'un fils, son image vivante,
> Comme lui distingué, vertueux, simple et bon.
> De ses yeux la douceur, sa parole avenante,
> De suite font aimer l'héritier d'un grand nom.
> Léon de Lusignan est, malgré son jeune âge,
> Un travailleur zélé. Son front large et loyal
> Marque la volonté. Quand on voit son visage,
> En ses veines on sent que coule un sang royal.

S. A. R. le prince Léon-Amaury-Gaston de Lusignan.

Son affabilité, son noble caractère,
Sa rare intelligence et ses nombreux succès
Aux universités de France et d'Angleterre,
Des postes les plus hauts, lui promettent l'accès.
Qui peut, des temps futurs, présager les mystères ?
Un jour viendra peut-être, où, d'un peuple adoré,
Il saura porter haut le drapeau de ses pères,
Et montrer que son nom n'a pas dégénéré.

M. Eugène Billard a dédié au jeune prince Léon sa magnifique *Ode au Drapeau* par ces jolis vers :

A Son Altesse Royale le Prince G.-Léon de Lusignan

Vous dont les aïeux, au temps de vaillance
Où la foi sublime animait les cœurs,
Ont, preux chevaliers, sous le bleu de France,
De la royauté conquis les honneurs.
Daignez de cette Ode au Drapeau de gloire
Qui, dans cent combats forçant la victoire,
Fut par nos soldats si haut déployé,
Cher et noble Prince, agréer l'hommage
Comme un sympathique et chaud témoignage
De ma bien sincère et vive amitié.

E. B.

En 1891, le prince Guy, se rendant aux légitimes revendications des membres de sa famille et voulant faire revivre une institution qui avait illustré le berceau de sa dynastie en Orient, a repris la maîtrise de ses ancêtres et rétabli l'Ordre des chevaliers de Sainte-Catherine, qui avait disparu en 1571, au moment de la conquête ottomane. Les nouveaux statuts de l'Ordre, devenu purement honorifique, comme tous les autres Ordres chevaleresques, ont été publiés la même année. S. A. Mgr le prince Guy de Lusignan est

Réinstitution de l'Ordre de Sainte-Catherine-du-Mont-Sinaï.

aujourd'hui grand-maître des Ordres de Mélusine et de Sainte-Catherine-du-Mont-Sinaï (1). Son royal cousin de Russie, Mgr le prince Michel, conserve la maîtrise de celui de l'Épée

Plaque de l'Ordre de Sainte-Catherine-du-Mont-Sinaï.

de Chypre, qu'il réserve exclusivement aux membres de la famille royale.

---

(1) Voir, sur les Ordres royaux de Lusignan, le travail du même auteur intitulé : *Les Ordres chevaleresques*, publié par la Société de Statistique des Bouches-du-Rhône.

Le 25 novembre, à l'occasion de l'anniversaire de la patronne de l'Ordre de Sainte-Catherine-du-Mont-Sinaï, M. Eugène Billard adressait à son grand-maître la charmante poésie suivante comme un respectueux hommage :

Monseigneur,

Vous qui, gardien jaloux des droits héréditaires,
Par d'illustres aïeux acquis aux champs d'honneur,
Avez, ressuscitant leurs Ordres séculaires,
Rattaché le chaînon de notre siècle au leur,

Daignez, Prince, agréer l'humble et sincère hommage
D'un chevalier fervent qui, plein de loyauté,
Met à vos pieds ces vœux en juste témoignage
Des sentiments jaloux de sa fidélité.

. . . .
. . . .
. . . .
. . . .

Puissent tous les élus de votre Ordre sublime,
Sous le drapeau du droit, votre drapeau, Seigneur,
Marcher brûlant pour vous d'un amour unanime,
Dans les sentiers du Bien, du Juste et de l'Honneur !

Puissent les vœux ardents que, du fond de leur âme,
Vous offrent par ma voix ces loyaux chevaliers,
Faire au vent du succès flotter votre oriflamme
Et sur votre beau front verdoyer les lauriers !

C'est dans ce but heureux qu'en chrétiens que nous sommes,
Prêtant le vieux serment des anciens preux du roi,
Nous jurons de lutter en vaillants gentilshommes,
Pour vous prêts, Monseigneur, à *bailler notre foi.*

. . . .
. . . .
. . . .
. . . .

C'est dans ce sentiment qu'en fêtant Catherine
Nous marcherons, les yeux fixés sur l'avenir,
Au cri de ralliement des fils de Mélusine :
« *Pour Loyauté* toujours garder et *Maintenir!* »

Le 15 juillet 1895, M. Victor Gresset a publié dans
l'*Écho des Jeunes*, dont il est le directeur, ces poèmes
superbes qu'il a dédiés à S. A. R. le prince Guy de
Lusignan :

A Son Altesse Monseigneur le Prince Guy de Lusignan

LA SINAÏDE

I

LE MONT SINAÏ

Dans le désert du Sin, où jadis de la manne,
Durant quarante jours, Dieu nourrit les Hébreux,
Non loin de la mer Rouge, à l'onde diaphane,
Aux mirages trompeurs, aux gouffres ténébreux
Où périt Pharaon et toute son armée,
S'élève le Sina. Son front majestueux
Semble braver le ciel ; vieille est sa renommée,
C'est là que Jéhovah, descendant somptueux
Au milieu des éclairs et des bruits du tonnerre,
A Moïse remit les Tables de la loi,
En lui montrant de loin cette fertile terre
Promise à ses élus, dont son manque de foi
Lui défendait l'accès. Comme, après le déluge,
« Berceau du genre humain » fut nommé l'Ararat,
De même, en ce jour-là, de son Dieu, son seul juge,
L'homme au Sina reçut l'immuable contrat.
Depuis, au mont sacré, de tous points, chaque année,
La besace au côté, de nombreux pèlerins
Viennent se recueillir. La face prosternée
Sur les rochers brûlants, manants et souverains,
Disciples du Koran, Chrétiens, Israélites,
Turcs, Grecs, Romains, Gaulois, par la foi réunis,
Croyants de tous les rangs, comme de tous les rites,
Viennent mêler leur voix sous les arceaux bénis.
Reniant de Satan les trompeuses maximes,
Tous veulent rendre hommage à la Divinité
En ce lieu mémorable où, de ces lois sublimes,
Il a daigné doter la faible humanité !

II

SAINTE CATHERINE DU MONT SINAÏ

En l'an trois cent douzième, au sein d'Alexandrie,
Sous le règne maudit de Maximin Daïa,
Une adorable fille, en tous points accomplie,
Belle comme Vénus, pure comme Hélia,
Et dont rien n'égalait la vertu, la science,
Vivait dans la retraite et l'abnégation ;
Par ordre du tyran, en plein jour arrachée,
Elle mourait martyre, à la roue attachée,
Tandis que sa belle âme allait tout droit aux cieux.
Cette vierge admirable avait nom Catherine,
Et son corps fut, dit-on, au sommet du Sina
Par des anges porté sur un lit de sabine,
Aux sons divins des luths entonnant l'hosanna.

. . . .

Dans le saint monastère, une blanche chapelle
Rappelle sa mémoire et, de nos jours encor,
De nombreux visiteurs, à la vierge immortelle,
Viennent offrir leurs vœux sous la coupole d'or.

III

L'ORDRE DE SAINTE-CATHERINE-DU-SINAÏ

1063 — 1891

En mil soixante-trois, au temps du Moyen âge,
Époque d'héroïsme et de faits éclatants,
Où la foi, des croisés décuplant le courage,
Princes et rois montraient l'exemple aux combattants
En tombant bravement au sein de la mêlée ;
Noble et puissant seigneur Robert, dit Bras-de-Fer,
Sire de Lusignan (d'une race appelée
A régner par la suite et sur terre et sur mer),
Créait l'Ordre princier de Sainte-Catherine
Du Sina, qui devint signe de ralliement
Pour les fervents chrétiens allant en Palestine
Défendre le Sépulcre et le saint Sacrement.

Il honorait ainsi la sublime madone,
Modèle de sagesse et puits de piété,
La vierge immaculée, aujourd'hui la patronne
De l'orphelin, du faible et du déshérité,
Cet Ordre fut bientôt partout en grande estime,
Car il n'était donné qu'aux vaillants généraux
Qui couraient, animés d'une ardeur magnanime,
Combattre en Terre sainte et mourir en héros!

.   .   .   .

Ce ne fut qu'à la fin du siècle le seizième,
Quand les princes croisés ne purent plus lutter
Contre les Sarrasins, que tomba cet emblème,
Que Guy de Lusignan vient de ressusciter.

VICTOR GRESSET.

Octobre 1891.

CHAPITRE IV

L'Ordre de l'Épée de Chypre. — Renseignements divers et complets.

M. le vicomte Oscar de Poli, président du Conseil héraldique de France, nous fournit dans l'annuaire de 1894, au sujet de l'ancien Ordre de l'Épée de Chypre, les précieux documents que nous sommes heureux de transcrire ici, en les résumant :

Le Conseil héraldique de France.

1. Mennenius *(Deliciæ equestrium sive militarium Ordinum,* Cologne, 1613) attribue à la Maison royale de Lusignan l'institution de l'Ordre des chevaliers de Chypre, mais sans en préciser l'époque. Il parle de l'obligation du secret imposé aux chevaliers et de la devise française : « Pour loyauté maintenir. »

2. Aubert le Mire ne parle pas de cet ordre cypriote dans ses *Origines equestrium sive militarium Ordinum* (Anvers, 1609).

Par contre, en 1620, André Favyn *(Théâtre d'Honneur et de Chevalerie)* s'étend longuement sur l'Ordre de Cypre et de Lusignan dict de l'Espée. « En l'année 1195, dit-il, Guy de Lusignan, roy de Hierusalem et de Cypre, institua l'Ordre de l'Espée, dont le collier estait composé de cordons ronds de soye blanche, nouée et cordonnée en lacs d'amour, entrelassez de lettres S fermées d'or : au mitan, une ovale cleschée d'or dans laquelle estait une espée, la lame esmaillée d'argent et la garde croisée et fleurdelysée d'or; autour de l'ovale estait cette légende en latin : *Securitas Regni*. Il donna cest Ordre de sa main à son frère Amaury, connestable de Hierusalem et de Cypre, et aux trois cents barons qu'il avait establis en son nouveau royaume, et le jour de la cérémonie, feste de l'Ascension, en l'église de Saincte-Sophie, cathédrale de Nicossie, il leur fit ceste harangue remarquable :

« Que tout Estat ou Royaume estait comparagé au corps
» humain, dont le Roy faict la teste, la Noblesse le bras
» droict, la Justice le gauche, et le Tiers Estat le reste.
» Qu'après Dieu il mettait l'asseurance et conservation de
» son nouveau royaume en la vaillance de ceste généreuse
» noblesse qui, pour acquérir la gloire, avait mis soubs les
» pieds le repos et plaisirs d'une vie otieuse en leur maison
» paternelle au doux air de la France, pour courir la fortune
» et péril de la mer, et vivre en tout un autre élément, parmy
» les nations incognuës. Qu'il leur donnait le collier de
» l'Ordre de l'Espée, ayant telle espérance qu'ils employe-
» raient la leur pour la manutention de l'Église Catholique,
» Apostolique et Romaine, le service du Roy, confort de la
» Justice, protection et défense des veuves et orphelins et la
» tranquillité du peuple. C'est pourquoy il les exhortait tous
» d'estre unis et joincts ensemble en amour et concorde, au
» nom de Celuy qui est la mesme paix, le Père, le Fils et
» le Saint-Esprit. »

» C'estait le serment des barons de Cypre, chevaliers du dict Ordre, lequel, par l'ordonnance du dict roy Guy, devait estre donné par le connestable du royaume, ou, en son absence, par le plus ancien baron chevalier, lequel envoyait, puis après, le serment du nouveau chevalier pour estre enre-

Eques dicius Silentij M C X C V.

gistré en la chambre du Trésor. En donnant le dict Ordre, on observait et gardait les mesmes cérémonies qu'en France. »

3. En 1692, l'abbé Bernard Giustinian *(Origine degl'Ordini militari e di tutte le Religioni cavalleresche)* traite de l'Ordre de Chypre qu'il appelle l'Ordre royal du Silence. Il dit que l'Ordre était sous la règle de saint Basile, que les rois de Chypre le dotèrent de riches commanderies et qu'il se répandit par toute l'Europe, notamment en Italie et en France.

4. Hermant, dans sa deuxième édition *(Histoire des Religions ou Ordres militaires)*, et Jean-François de Grignan de Craponne traitent de l'Ordre militaire des chevaliers de Chypre ou chevaliers de l'Épée, et en attribuent l'institution à Guy de Lusignan. « Cet Ordre possédait des commanderies dans le royaume de Chypre, ce qui le rendait fort illustre pendant que la Maison de Lusignan fut en possession de ceste isle, à laquelle il rendit de grands et signalez services. Les choses du monde changent continuellement : ce royaume ayant passé à d'autres maistres, cest Ordre fut anéanty ; il ne reste plus que ce que l'histoire a conservé. »

5. « Guy de Lusignan, dit le P. Anselme, en 1192, ayant acheté de Richard Ier, roy d'Angleterre, l'isle de Chypre pour la somme de cent mil escus d'or, institua l'Ordre de l'Epée. »

6. Le P. Hélyot *(Histoire des Ordres monastiques, religieux et militaires)*, traitant des chevaliers de l'Ordre de Chypre ou du Silence, appelés aussi de l'Epée, dit de Guy de Lusignan : « A peine eut-il pris possession de son royaume, l'an 1192, qu'il institua un Ordre militaire pour s'opposer aux descentes et aux irruptions que les infidelles pouvaient faire dans cette isle... Il fut aboli après que Catherine Cornaro, veuve de Jacques de Lusignan, eust cédé ce royaume aux Vénitiens. »

7. Bernard Giustinian, déjà cité, donne la série des grands-maîtres de l'Ordre depuis Guy de Lusignan jusqu'à Francesco Morosini, cinquante-deuxième grand-maître en 1688, héritier, comme doge de Venise, des droits de la Maison royale de Chypre. Il ajoute, sur le témoignage de plusieurs auteurs, que Pierre de Lusignan, roi de Chypre, allant vers le pape Urbain V, en 1363, logea à Venise chez Frédéric Cornaro et lui conféra cet Ordre, avec l'hérédité pour tous ses descendants et le droit d'en décorer leurs armoiries.

8. « Martin Villain, seigneur de Rassenghien, advoué de Thamise, dit Duchesne, fut en Jérusalem l'an 1454, et à son retour, il passa par le royaume de Cypre, où Charlotte, royne de Hierusalem, de Cypre et d'Arménie, le receut avec de grands honneurs. Car ayant esté deument informée de la noblesse de sa maison, de la splendeur et excellence de ses vertus, du mérite de ses belles et glorieuses actions, et de la fidélité et affection singulière qu'il portait à son royaume, elle luy octroya, entre autres marques de bienveillance, son arme, enseigne et Ordre royal de l'Espée, dont aucuns princes, barons et chevaliers de la chrétienté estoient decorez. Outre laquelle faveur, elle luy accorda pareillement le pouvoir et aucthorité de conférer le mesme Ordre à deux autres gentilshommes, qui du moins fussent chevaliers ou escuiers, tels que sa prudence et sa foy militaire daigneraient choisir. Ce qui s'aprend des lettres qu'il en raporta, passées au palais royal de la citadelle et ville de Nicosie, le lundy 23 juillet 1459, et dont voici la teneur :

« Karlotta, Dei gratiâ Jerusalem, Cypri et Armeniæ Regina, etc., Nobili ac strenuo militi Domino Martino Villain, domino de Rasseghem, fideli nostro dilectissimo, salutem et sincere dilectionis affectum : Libenti et grato quidem animo illos nostri honoris titulis exaltamus et honoramus quos antiqua progenies et gloriosa nobilitas decusque et meritorum suorum multitudo exigit et requirit.

» Hinc est quod tibi, ex sacro viatico Sepulcri Dominici redeunti, et nostræ majestati requirenti armam sive spectaculum insigne et Ordinem Nostrum Spatæ, quo nonnulli mundi et Christi fideles Principes, Barones, nobiles et milites soliti sunt decorari; Nosque de præmissis, generis tui nobilitate, virtutisque charitate ac laudabilium rerum a te gestarum venustate, et erga nos regnumque nostrum fide et devotione plenissime informate sumus, gratiose et tuis exigentibus meritis, armam sive insigne spectaculum et Ordinem Regalem nostrum Spate tibi, præstito nobis corporali et consueto juramento et sub verbis secretis ad dictum Ordinem spectantibus, conferimus, concedimus et elargimur, ac insuper omnimodam concedimus presentium tenore facultatem et auctoritatem, et duobus aliis nobilibus, dumtaxat militibus seu scutiferis, quos merito sub tua prudentia ac militari fide et per juramentum tibi prestitum duxeris eligendos, quorumque nobilitas et virtus apud te per fide dignorum testimonium comprobetur, dictam armam seu insigne spectaculum, ac Regalem ordinem nostrum Spate predicte, nostra auctoritate, cum universis et singulis juridictionibus, prerogativis, honoribus oneribusque, et juramentis et sub verbis secretis ad dictum Ordinem spectantibus, tradere, donare et concedere possis et valeas.

» Datum in nostro palatio citadelle civitatis nostre Nicosie regni nostri Cypri, anno Nativitatis Domini nostri Jesu Christi 1459, indictione septima, die lune 23 mensis julii, sub impressione nostri regalis sigilli in similibus consueti. Benedictus de Ovetariis de Vincentia scripsit. »

Suit le sceau portant les armes de la reine, et qui sont :
Ecartelé, au premier et quatrième d'argent, à la croix
potencée d'or, cantonnée de quatre croisettes de même, aux
deuxième et troisième fascé d'argent et de gueules de sept
pièces, chargé d'un lion d'argent, armé et lampassé de
même. On voit au-dessous deux épées entrelacées.

A ces renseignements, fournis par le Conseil héraldique
de France, j'ajoute les suivants qui les complètent :

Bernard Giustinian a laissé dans son ouvrage un supplé-
ment appréciable à la chronologie de la Maison des Lusignans.
C'est la lettre suivante, que la reine Charlotte adressa au
grand sénateur Pierre Cornerio :

Lettre de la reine Charlotte au sénateur Cornerio.

« *Carlotta Dei gratiâ Hyerusalemi, Cypri et Armeniæ*
Regina,
» *Spectabilis et Generosi Vir Fidelis Noster Carissime !*

» La vostra Lettera hauemo receuta, e volentiera l'hauemo
vista, la quale hauemo ben' intesa, delo vostro dispiacere, e
danno molto ne despiace. Et perche allo presente mandemo
in quelle parte per nostre ardue facende lo nostro caro, et
Fedel Cavalier et Consilier mis. D. de Risbesaltes. Allo
quale hauemo comesso refferire certe cose per parte nostra.
Ve preghiamo le vogliate credere, come alla nostra persona,
vogliate per perte salutare la Donna Vostra et se possemo
fare cosa ve sia grata lafare mo volentiera.

» Che Christo con voi sia !
» Regina CARLOTTA.

» Datta Rodi à V Agosto MCCCCLXVIII. »

L'adresse de la lettre est :

« *Spectabili atque Generoso Viro*
» *Et Duo Petro Cornerio Nostro Carissimo.* »

Pierre Lambrecius (1666) fait mention du journal de l'empereur Frédéric, dans lequel, au chapitre xv, il est parlé des statuts de l'Ordre :

« Marqués ceux qui ont voyagé avec moi et qui sont devenus chevaliers avec moi : Marius, évêque de Trieste ; comte Eberhard de Hirteberg cadet ; comte Bernard de Schaunberg, etc.

» Qui est dans l'Ordre de Chypre, a une épée qui doit être portée à la ceinture. Le vers est en français et signifie qu'on doit protection aux chrétiens.

» Et ce que l'Ordre renferme, un chacun qui en fait partie, a le devoir de faire vœu d'en garder le silence et de jurer que jamais il n'en parlera à personne, pas même à ceux qui sont comme lui dans l'Ordre et qui ont les mêmes devoirs à remplir.

» Avant tout, chaque dignitaire, le saint jour de l'Ascension, de l'Exaltation de la Croix, et en automne, doit entendre et faire dire quatre messes et·un office chanté en l'honneur de la Sainte Croix, et doit faire une offrande selon sa volonté en l'honneur des cinq saintes plaies.

» Et lorsque le chef de la chevalerie, qui est le roi de Jérusalem, de Chypre et d'Arménie, veut marcher contre les païens, pour conquérir le Saint-Sépulcre, chaque chevalier doit l'accompagner à ses propres frais, pour lui prêter main-forte. S'il y a quelqu'un qui veut l'accompagner sans avoir le moyen de le faire, alors les autres doivent lui venir en aide selon leurs moyens.

» Il doit protéger la justice, les veuves et les orphelins. Voici les seules causes qui peuvent dispenser de prendre part à pareille expédition : les maladies, la guerre du chef de l'Etat à laquelle on est obligé de participer, si une guerre est en train de se décider, ou si on est en lutte avec un autre à cause de son honneur. »

Ces notes de l'empereur Frédéric nous donnent sur l'Ordre de Chypre des détails inédits.

Lorsque la république de Venise s'empara de Chypre, les doges usurpèrent la grande-maîtrise de l'Ordre de l'Épée. Voici la liste de ces prétendus grands-maîtres :

1. — 1489. Agostino Barbarigo.
2. — 1501. Leonardo Loredano.
3. — 1521. Antonio Grimani.
4. — 1522. Andrea Griti.
5. — 1538. Pietro Lando.
6. — 1545. Francesco Donato.
7. — 1553. Marc' Antonio Trevisano.
8. — 1554. Francesco Venerio.
9. — 1556. Lorenzo Priuli.
10. — 1559. Girolamo Priuli.
11. — 1567. Pietro Loredano.
12. — 1570. Aloigi Macenigo.
13. — 1577. Sebastian Veniero (1).
14. — 1578. Niccolo de Ponse.
15. — 1585. Pasqual Cigogna.
16. — 1595. Marino Grimani.
17. — 1605. Leonardo Donato.
18. — 1612. Marc' Antonio Bombo.
19. — 1612. Niccolo Donato.
20. — 1615. Antonio Priuli.

---

(1) Ils continuent après la conquête des Turcs.

21. — 1618. Francesco Contarini.

22. — 1619. Francesco Erizzio.

23. — 1623. Francesco Molin.

24. — 1624. Carlo Contarini.

25. — 1630. Francesco Cornaro.

26. — 1631. Betrucci Valiero.

27. — 1645. Giovanni Pessaro.

28. — 1656. Domenico Contarini.

29. — 1658. Nicolo Sagredo.

30. — 1659. Aloigi Contarini.

31. — 1674. Giovanni Cornaro.

32. — 1675. Nicolo Contarini.

33. — 1683. Marc' Ant. Giustiniani.

34. — 1688. Francesco Morosini.

A ce moment, l'Ordre parut s'éteindre.

Mais les descendants des rois de Chypre, véritables grands-maîtres de l'Ordre de l'Épée, avaient conservé secrètement cet Ordre dans leur famille. Nous le retrouvons, après un oubli apparent, dans l'auguste personne du prince Louis, chef de la branche aînée, reconnu par tous les membres de sa royale Maison comme grand-maître de leur Ordre antique de l'Épée de Chypre.

Le collier de l'Ordre, porté aujourd'hui par les chefs des deux branches de la Maison royale de Lusignan, consiste en une chaîne d'or formée de petites roses, entrelacées de la lettre S et trois fois la lettre R. A cette chaîne est suspendue une R à laquelle tient un médaillon surmonté de la couronne royale. Dans le médaillon, on voit l'épée entourée d'une S et entourée de la devise : « Pour loyauté maintenir. »

Le collier de l'Ordre.

Armes de la Maison
royale de Lusignan.

Voici les armes actuelles de la Maison royale de Lusignan :

Ecartelé : au premier d'argent, à la croix potencée d'or, cantonnée de quatre croisettes du même, qui est de Jérusalem ; au deuxième burelé d'argent et d'azur, de six pièces,

Armes de la Maison royale de Lusignan.

au lion de gueules, armé, lampassé et couronné d'or, la queue nouée fourchée et passée en sautoir, qui est de Lusignan ; au troisième d'or, au lion de gueules, armé et couronné d'or, lampassé d'azur, qui est d'Arménie ; au quatrième d'argent, au lion de gueules, la queue nouée fourchée et passée en sautoir, armé et couronné d'or et lampassé d'azur, qui est pour le royaume de Chypre.

L'écu est surmonté de la couronne royale ; le tout entouré du collier de l'Ordre de l'Épée, sous un pavillon royal fourré d'hermine, est comblé de la couronne de Jérusalem.

Ordre : « De l'Épée de Chypre. »

Devise : « Pour loyauté maintenir. »

CHAPITRE V

Lettres de plusieurs souverains et hauts personnages, échangées
avec la princesse Marie de Lusignan.

I

S. A. R. Marie de Lusignan suivait avec le plus vif
intérêt les merveilleux progrès de cette nation néo-américaine
que de vaillants pionniers vinrent implanter sur les côtes
d'Afrique en l'année 1821. La république de Libéria a déjà
pris un tel essor dans notre civilisation moderne, qu'on en
serait étonné, si l'on ne savait les prodiges que peuvent
enfanter l'amour de l'humanité souffrante, que nous inspire
la religion de Jésus-Christ, et le nom si magique de liberté!

Sa première assemblée législative siégea en 1851 et la
jeune république a pris rang parmi les nations civilisées.

Voulant donner à ce peuple une marque de l'intérêt
qu'elle lui portait, la princesse Marie conféra le grand-cordon
de l'*Ordre de Mélusine* à l'illustre Président de la république
de Libéria, sir A.-William Gardner, qui a été plusieurs fois
réélu par les Libériens.

Elle lui fit part de sa nomination en ces termes :

Lettre de S. A. R.
la princesse Marie
au Président de la
république de
Libéria.

« *A Son Excellence M.-Anth.-W. Gardner, Président
de la république de Libéria.*

» Monsieur le Président,

» La renommée bien méritée qui environne votre illustre
nom comme chef d'État, les services signalés que vous avez
rendus à la patrie libérienne et à l'humanité, nous procurent
aujourd'hui la satisfaction bien agréable de vous conférer le
titre de grand-cordon de notre Ordre royal de Mélusine.

» Nous prions Dieu, Monsieur le Président, qu'il vous
ait en sa sainte et digne garde.

» *Signé :* Marie.

» Fait à l'hôtel de Lusignan, le 5 février 1882. »

Voici la lettre de remerciement de S. E. le Président
Gardner :

Lettre de remer-
ciement du Président
de la république de
Libéria.

RÉPUBLIQUE DE LIBÉRIA.
Département exécutif.

« *A Son Altesse Royale Marie de Lusignan, princesse
de Chypre, de Jérusalem et d'Arménie.*

» Madame la Princesse,

» Je prie Votre Altesse Royale de croire combien j'ai été
flatté de la gracieuseté avec laquelle vous avez daigné me
conférer le grade si honorable de grand-cordon de votre
Ordre de Mélusine.

» Je l'accepte comme l'expression immédiate de l'intérêt
qu'inspire à Votre Altesse Royale la république de Libéria,

que j'ai l'honneur de présider, et je prie Votre Altesse Royale de croire à l'assurance de la haute considération avec laquelle j'ai l'honneur d'être, Madame, votre très fidèle serviteur.

» *Signé :* Anth.-W. Gardner.

» Monrovia, le 22 mai 1882. »

II

Le 25 juillet 1882, la princesse Marie adressait à S. Em. le cardinal Donnet, archevêque de Bordeaux, la lettre suivante :

Le cardinal Donnet reçoit l'Ordre de Mélusine.

« Éminence,

» Si les vertus chrétiennes, les grands services à la religion, la dignité d'une vie austère et éminemment utile devaient trouver leur récompense, le noble exemple que vous n'avez jamais cessé de donner suffirait pour expliquer le choix de cette distinction.

» Nous avons chargé, Éminence, le grand-aumônier de notre Maison de vous offrir le grand-cordon de notre Ordre royal de Mélusine, précieux souvenir des chevaleresques ancêtres de la Maison de Lusignan, qui ont versé leur sang pour la foi chrétienne et qui se sont fait un titre de gloire d'être les intrépides défenseurs de la sainte Église.

» En vous priant d'invoquer sur nous et sur notre Maison les bénédictions du ciel, nous vous exprimons, Éminence, les sentiments de notre sincère et filial attachement.

» *Signé :* Marie de Lusignan,

» Princesse royale de Chypre, de Jérusalem et d'Arménie.

» Fait à l'hôtel de Lusignan, le 25 juillet 1882. »

8

C'est le 2 août que le grand-aumônier de Son Altesse remit à Son Éminence les insignes de l'Ordre.

Le cardinal en fut tellement touché que, malgré ses quatre-vingt-sept ans, il voulut immédiatement écrire lui-même la lettre de remerciement que voici :

Réponse du cardinal à la princesse.

ARCHEVÊCHÉ DE BORDEAUX

« A Son Altesse Royale Marie de Lusignan, princesse de Chypre, de Jérusalem et d'Arménie.

» Madame la Princesse,

» J'ai été sensible au delà de tout ce que je puis dire à la distinction que j'ai reçue par les mains de M. votre grand-aumônier. Je ferai part au Saint-Père de tout le bien que vous répandez dans tous les lieux où vous portez vos pas, afin qu'il bénisse votre Maison, comme je vous bénis moi-même de tout cœur.

» *Signé :* † FERDINAND, cardinal DONNET,
» Archevêque de Bordeaux.

» Bordeaux, le 2 août 1882. »

Son Éminence fit aussi hommage à Son Altesse d'un de ses ouvrages avec une dédicace des plus aimables. L'envoyé de la princesse reçut les plus grands honneurs.

L'Ordre de Mélusine aux funérailles du cardinal Donnet.

Lorsque, peu de temps après, mourut cet éminentissime cardinal, la princesse chargea son grand-aumônier ainsi que M. le chanoine Gallot (de Bordeaux) de la représenter aux funérailles du prince de l'Église. Voici les deux télégrammes qu'elle fit adresser à ces deux dignitaires de son Ordre :

« *Monsieur le chanoine Gallot, archevêché de Bordeaux.*

» La princesse de Lusignan a été douloureusement frappée par la mort de S. Em. le cardinal. Vous savez combien il lui était attaché, combien il appréciait son noble cœur, et aussi combien la princesse était fière de le compter parmi les hauts dignitaires de son Ordre.

» Elle vous prie de la représenter, avec son grand-aumônier, aux funérailles de Son Éminence.

» *Signé :* DE VIEUXVAL,
» Secrétaire. »

« *Monsieur le comte Auriac.*

» La princesse de Lusignan vous prie de la représenter comme son grand-aumônier, aux funérailles du cardinal Donnet. Sa mort la plonge dans la plus vive douleur. Il était une gloire de son Ordre et un chevalier fidèle et dévoué.

» *Signé :* DE VIEUXVAL,
» Secrétaire. »

M. le grand-aumônier, portant les insignes de grand-officier de l'Ordre royal de Mélusine, suivait le char funèbre, ayant à ses côtés les trois vicaires généraux du diocèse, ainsi qu'un des petits-neveux de l'illustre cardinal.

III

Le 6 août de la même année, M. le grand-aumônier présentait à S. M. don Alphonse, roi d'Espagne, les insignes de grand-croix de l'Ordre de Mélusine, ainsi que la lettre suivante :

Le roi d'Espagne.

« *A Sa Majesté Très Catholique don Alphonse XII, roi d'Espagne.*

» Sire,

» Le peuple espagnol, dont vous êtes la providence vivante, n'a cessé de marcher dans la voie du progrès depuis que Dieu vous a fait monter sur le trône de vos glorieux ancêtres. C'est une ère nouvelle qui a commencé pour l'Espagne. Votre règne sera une des plus belles pages de l'histoire de votre beau pays.

» Tous ceux qui s'intéressent au sort de la généreuse nation espagnole applaudissent de tout cœur à vos heureux efforts ; le succès les couronne et Dieu les bénit.

» Dans ces circonstances, Sire, nous serions flattée que Votre Majesté acceptât les insignes de notre Ordre royal de Mélusine, ce précieux souvenir de nos chevaleresques aïeux.

» Le grand-aumônier de notre Maison a été chargé, en conséquence, de vous présenter les insignes de cet Ordre, dont l'acceptation flatteuse sera pour nous un titre de gloire, en même temps qu'elle prouvera à Votre Majesté combien ses hauts mérites sont justement appréciés.

» Et sur ce, nous prions, Sire, que Dieu vous ait en sa sainte et digne garde.

» *Signé :* Marie de Lusignan,
» Princesse royale de Chypre, de Jérusalem et d'Arménie.

» Fait à l'hôtel de Lusignan, le 1ᵉʳ août 1882. »

Le roi don Alphonse reçut avec beaucoup d'honneur l'envoyé de la princesse à Comillas, où Sa Majesté passait la saison des bains. Il fut très touché de cette gracieuse atten-

tion; les journaux officiels la firent connaître au public. Il
retint le comte grand-aumônier deux heures près de lui et le
chargea de faire savoir à la princesse qu'il aurait l'honneur
de la remercier lui-même.

En même temps que Sa Majesté, plusieurs personnages
espagnols furent nommés dans l'Ordre de Mélusine (1).

I V

En 1884, le 24 du mois d'août, S. E. le général Crespo
remerciait ainsi la grande-maîtresse de l'Ordre de Mélusine :

Le Président de la
république de Véné-
zuéla.

« *Le Président de la république de Vénézuéla à Son
Altesse Royale Marie, princesse de Chypre, de
Jérusalem et d'Arménie, etc.*

» Altesse,

» Avec une profonde satisfaction, j'ai reçu le titre
suprême de grand-cordon de l'Ordre royal humanitaire de
Mélusine, créé au xiie siècle par votre reine, la belle
Sibylle de Lusignan, ainsi que la lettre flatteuse dont les
beaux termes m'enorgueillissent et m'honorent, lesquels
vous me fîtes la faveur de m'envoyer le 18 du mois de juin
dernier.

» J'apprécie au plus haut point cette distinction honori-

---

(1) S. M. don Louis, roi de Portugal, et le roi de Saxe avaient déjà reçu la même
distinction.

fique, qui est moins due à mes mérites qu'à la bienveillance de Votre Altesse Royale, et, selon nos lois fondamentales qui l'ordonnent ainsi, je demanderai au Corps législatif de ma patrie l'autorisation nécessaire pour accepter le titre suprême que vous daignez me conférer.

» Que Votre Altesse Royale veuille accueillir le témoignage de ma gratitude, ainsi que l'assurance de la plus haute considération et le respect, avec lesquels je suis,

» De Votre Altesse Royale, le dévoué serviteur.

» *Signé :* J. CRESPO (1). »

V

Le cardinal-archevêque de Naples.

L'*Indicateur général d'Europe* (organe des stations d'été et d'hiver), dans son numéro du 1er janvier 1886, consacre à S. A. R. Marie de Lusignan et à l'Ordre de Mélusine un article des plus remarquables. Nous extrayons de ce journal la lettre que S. Em. le cardinal Sanfelice, archevêque de Naples, écrivait à la princesse pour la remercier de sa nomination dans l'Ordre de Mélusine :

« *A Son Altesse Royale Marie de Lusignan, princesse de Chypre, de Jérusalem et d'Arménie.*

» Altesse Royale,

» Je suis très heureux de pouvoir vous témoigner vivement toute ma reconnaissance pour avoir bien voulu, vous qui êtes si noble et si généreuse, inscrire mon nom dans le Livre d'or de votre Ordre royal de Mélusine.

_____

(1) L'illustre général Crespo vient d'être nommé de nouveau, à l'unanimité, Président de la république de Vénézuela.

» Le diplôme et les insignes de l'Ordre avec les paroles flatteuses qui l'accompagnent, m'ont d'autant plus ému que je ne croyais pas les mériter. Votre Altesse a voulu de cette façon me récompenser pour ce que j'ai fait lors de la dernière épidémie. Mais je dois pourtant lui avouer que si même, en cette triste circonstance, j'avais perdu la vie pour mes chères brebis, je n'aurais fait que mon devoir, car je suis pasteur d'âmes et j'appartiens à ce rang suprême où brille la pourpre qui est la devise de la charité.

» Tout en vous remerciant, Altesse, je prie Dieu de répandre sur vous et sur votre Ordre ses faveurs et ses bénédictions.

» Je suis votre humble et très obéissant serviteur.

» *Signé :* † Guillaume,
» Cardinal-archevêque.

» Naples, le 15 mars 1885. »

VI

En 1886, le Président de Costa-Rica écrivait :

Le Président de la république de Costa-Rica.

« *A Son Altesse Royale Madame la princesse Marie de Lusignan, princesse de Chypre, de Jérusalem et d'Arménie.*

» Madame,

» J'ai eu l'honneur de recevoir une lettre signée par Votre Altesse, datée à Paris du 10 avril dernier, et y adjoint un diplôme, par lequel Votre Altesse me confère, sans que je le mérite, le grade suprême de grand-cordon de l'Ordre royal humanitaire de Mélusine, ancienne chevalerie de votre Maison.

» Je présente à Votre Altesse mes remerciements les plus expressifs, de la généreuse distinction qu'elle a daigné me conférer et des paroles hautement bienveillantes et gracieuses que Votre Altesse m'adresse, en me faisant part de l'honneur dont je suis l'objet.

» En répondant à Votre Altesse que j'accepte le titre de grand-cordon du noble Ordre royal de Mélusine, il m'est très agréable de lui exprimer mes sentiments de haute estime, avec lesquels je suis,

» De Votre Altesse, le très dévoué serviteur.

» *Signé :* BERNARDO SOTO.

» Écrite au palais présidentiel de Saint-Joseph
de Costa-Rica, le 7 août 1886. »

VII

Le patriarche de Jérusalem.

Au mois de janvier 1887, Sa Béatitude le patriarche latin de Jérusalem, Mgr Vincent Bracco, fut nommé grand-croix de l'Ordre royal de Mélusine. L'éminent patriarche adressa la lettre suivante à la princesse royale de Lusignan :

« Altesse,

» J'ai reçu la lettre et le diplôme dont Votre Altesse Royale a daigné m'honorer. Quoique je ne sache pas avoir rien fait qui me rende digne d'une pareille distinction, j'accepte avec reconnaissance ce témoignage de votre bienveillante générosité et je vous en remercie de tout mon cœur.

» En priant le Seigneur de vous bénir, j'ose vous offrir, Altesse, l'hommage de ma respectueuse considération.

» *Signé :* † Vincent,
» Patriarche de Jérusalem. »

Voici maintenant la nomination de la princesse Marie dans l'Ordre pontifical du Saint-Sépulcre et la traduction du diplôme qui lui conféra cette dignité :

L'importance de ces documents ne peut échapper à personne.

Nomination de S. A. R. la princesse Marie dans l'Ordre pontifical du Saint-Sépulcre.

PATRIARCAT LATIN
de Jérusalem

« Altesse,

» J'ai l'honneur et le plaisir d'adresser à Votre Altesse Royale le brevet de Dame du Saint-Sépulcre. Je crois accomplir, par cet acte, un devoir de reconnaissance pour la haute sympathie et le touchant intérêt que vous voulez bien témoigner à l'Église de Jérusalem et à son humble pasteur, et il m'est particulièrement agréable d'honorer, en la personne de Votre Altesse Royale, la mémoire de vos illustres ancêtres, qui portèrent la couronne royale du Saint-Sépulcre.

» En priant Votre Altesse de daigner agréer cet hommage de ma gratitude et de mon respect, j'ai l'honneur de vous réitérer l'assurance de ma religieuse considération.

» *Signé :* † Vincent,
» Patriarche de Jérusalem.

» Jérusalem, le 3 mai 1887. »

Texte du brevet de
l'Ordre du Saint-
Sépulcre.

« *A Son Altesse Royale Madame la princesse Marie
de Lusignan.*

» Vincent Bracco,

» Par la miséricorde de Dieu et la grâce du Saint-Siège
apostolique, patriarche de Jérusalem et grand-maître de
l'Ordre du Saint-Sépulcre,

» A notre très chère en Jésus-Christ et Sérénissime dame
Marie de Lusignan, princesse de Chypre, de Jérusalem et
d'Arménie, salut et bénédiction dans le Seigneur.

» Le zèle ardent et l'éminente piété dont Votre Altesse est
animée pour ces saints lieux de la Palestine, nous engagent
à vous donner un témoignage de notre gratitude.

» C'est pourquoi nous avons décrété de vous nommer et
instituer, et par la teneur des présentes, nous vous nommons
et instituons Dame du Très-Saint-Sépulcre, en mémoire
de la Passion de Notre-Seigneur Jésus-Christ, dont vous
honorez les monuments avec une si grande piété et une si
affectueuse dévotion.

» *Signé :* ✝ VINCENT, patriarche.

» Par mandement de l'Excellentissime
et Révérendissime Seigneur,

» *Signé :* J. TANUS, chancelier.

» A Jérusalem, palais patriarcal, le 1ᵉʳ mars
de l'an du Seigneur 1887. »

VIII

La même année 1887, la princesse Marie faisait trois
nominations importantes dans l'Ordre antique de Mélusine :
S. Ém. le cardinal Parrocchi, vicaire général de Sa Sainteté,
était nommé grand-croix; Mgr Delannoy, évêque d'Aire,

grand-officier; Mgr Grassi-Landi, camérier de Sa Sainteté, commandeur.

Nous reproduisons les lettres que ces hauts personnages ont adressées à la princesse Marie :

« Altesse Royale,

L'Éminentissime cardinal Parrocchi.

» J'ai été bien surpris de la bonté de Votre Altesse Royale envers moi qui ne suis rien et ne fais rien, quoique j'aie toujours le désir de satisfaire à tout le monde en remplissant les devoirs de mon office.

» La distinction que Votre Altesse vient de m'accorder dans l'ancien et royal Ordre de Mélusine, m'a été chère, nonobstant ma faiblesse, à cause de vos vertus, Madame Royale, et des gloires très antiques de la chevalerie de Lusignan.

» Je tâcherai néanmoins de remplir la devise de l'Ordre : « Pour loyauté maintenir », devise si bien maintenue par les Lusignans et qui convient surtout à notre âge aux chevaliers de la Croix.

» Toutes bénédictions, Madame Royale, désirées à vous et à votre grande Maison par les sentiments de la foi et de la piété chrétiennes, je les invoque sur vous et sur votre auguste famille pendant que j'ai l'honneur, en vous remerciant avec la plus vive reconnaissance, d'être et de me signer,

» De Votre Altesse Royale, le très humble serviteur.

» *Signé :* L.-M. cardinal Parrocchi (1),
» Vicaire général de S. S. Léon XIII.

» Rome, le 14 août 1887. »

---

(1) S. Ém. le cardinal Parrocchi a reçu, en 1891, l'*Ordre de Sainte-Catherine-du-Mont-Sinaï.*

ÉVÊCHÉ D'AIRE

« *A Son Altesse Royale Marie de Lusignan, princesse de Chypre, de Jérusalem et d'Arménie.*

» Madame,

» Vous avez daigné me conférer le titre de grand-officier de votre Ordre royal de Mélusine. Je ne sais en quels termes vous remercier de l'honneur que vous m'avez fait en associant ainsi mon nom aux gloires qui se rattachent à cet Ordre.

» Les amis qui, à mon insu, ont sollicité pour moi cette distinction, ont sans doute voulu signaler, par là, les encouragements que j'ai eu la bonne fortune de pouvoir donner, et par la parole et par l'exemple, au rétablissement des pèlerinages de Terre sainte.

» Pour moi, ce que je veux y voir avant tout, c'est en même temps qu'un témoignage de la toute gracieuse bienveillance de Votre Altesse, une incitation nouvelle à prêcher, pour la gloire du nom de Jésus-Christ, la pacifique croisade de prières et d'action qui doit remplacer aujourd'hui les luttes héroïques dans lesquelles se sont immortalisés vos aïeux.

» C'est dans ces sentiments que je vous prie, Madame, d'agréer l'hommage de la reconnaissance, avec laquelle j'ai l'honneur d'être, de Votre Altesse, le respectueux et dévoué serviteur.

» *Signé :* † VICTOR,

» Évêque d'Aire et de Dax.

» Aire, le 28 août 1887. »

« Princesse,

» Je profite de l'occasion que me procure la nomination de commandeur de l'Ordre de Mélusine, que Votre Altesse Royale a bien voulu m'offrir, pour vous présenter mes sentiments de dévouement, de vive gratitude et l'assurance nouvelle de mon profond attachement.

» Quoique indigne d'appartenir à cet Ordre, je m'efforcerai d'en tenir hautement le rang, et autant que le peut un ministre de Dieu, je ferai ce qui dépendra de moi pour être fidèle aux devoirs incombant aux dignitaires de l'Ordre.

» Je prie donc Votre Altesse de vouloir bien agréer, avec mon respectueux hommage, les témoignages de ma vive reconnaissance, dans laquelle je me dis votre très humble serviteur.

» *Signé :* Mgr Barth.-C. GRASSI-LANDI,
» Camérier secret de S. S. Léon XIII.

» Rome, le 15 août 1887. »

IX

En 1888, le Président de la république d'Haïti était nommé grand-croix de Mélusine. Il répondit à Son Altesse la lettre suivante :

« *Salomon, Président de la république d'Haïti, à Son Altesse Royale Madame la princesse Marie de Lusignan.*

» Madame,

» J'ai reçu avec un extrême plaisir votre lettre du 14 juin dernier. Sensible au témoignage distingué de considération qu'il a plu à Votre Altesse Royale de me donner, en m'envoyant un brevet par lequel elle me confère le titre et le grade suprême de grand-cordon dans l'Ordre royal humanitaire de Mélusine, je lui en fais mes sincères remerciements.

» Je lui donne l'entière assurance que, fier de l'estime qu'elle veut bien m'accorder, je serai heureux si je puis contribuer, ainsi que j'en ai l'ardent désir, à l'éclat de l'Ordre auquel elle me fait l'honneur de m'appeler.

» Dans ces sentiments, je prie Votre Altesse Royale d'agréer, Madame, les assurances de ma plus haute considération.

» *Signé :* SALOMON.

» Palais national de Port-au-Prince. »

X

Le Président de la république de Vénézuéla.

L'année suivante, le 23 novembre 1889, Son Altesse nommait dans l'Ordre de Mélusine le nouveau Président de la république de Vénézuéla. Ce haut personnage lui envoyait la lettre suivante :

« *A Son Altesse Royale Madame la princesse Marie de Lusignan (1).*

» Madame la Princesse,

» J'accuse réception à Votre Altesse Royale du diplôme et de la note qu'elle m'a fait l'honneur de m'adresser, le 23 novembre dernier, pour m'offrir le grade de grand-croix dans son Ordre royal et humanitaire de Mélusine.

(1) Nous croyons inutile d'ajouter que les grands journaux de l'époque ont publié la plupart de ces lettres.

» Ce témoignage de sympathie de la part de Votre Altesse m'a été d'autant plus agréable qu'il a été inattendu. Je l'accepte donc avec reconnaissance et prie Votre Altesse Royale d'agréer mes vifs remerciements et l'assurance de ma parfaite considération.

» *Signé :* S.-P. ROJAS PAUL.

» Caracas, 7 janvier 1890. »

Avec S. E. Rojas Paul, S. E. Flarville Gelin-Hippolyte, Président de la république d'Haïti, a reçu la même distinction.

S. E. le général Crespo, Président actuel de la république de Vénézuéla, a reçu également l'Ordre de Sainte-Catherine-du-Mont-Sinaï, en même temps que le général Guaita et divers autres personnages.

CHAPITRE VI

Aperçu des œuvres de la regrettée princesse Marie.
Le talent de feu Mgr Khorène. — Son Ode patriotique sur l'Arménie.

La réputation universelle que la princesse de Lusignan s'était acquise dans son apostolat de *Charité*, avait été consacrée par des témoignages innombrables de reconnaissance et de dévouement qui lui arrivaient de toutes les parties du monde. M. le comte Gabardo Gabardi-Brocchi, admirant un jour ces attestations, dont une salle était remplie, la princesse lui dit avec une grande modestie : « De toutes parts, on est trop bon pour moi. On me gâte (1). »

M. le commandant Léon Féraud, président de la vaillante Société des Chevaliers-Sauveteurs des Alpes-Maritimes, annonçait à la princesse, le 2 mars 1881, sa nomination de Haute Protectrice de l'Association. Le diplôme la qualifiait de « Bienfaitrice de l'humanité », et la lettre du président, du 14 mars, portait : « Le drapeau de la Société restera arboré pendant trois jours, en signe de joie et de reconnaissance, à l'occasion de la haute adhésion de S. A. R. Mme la princesse de Lusignan. »

Son Altesse envoya, le 21 mai de la même année, à M. le commandant Féraud, à qui elle venait de conférer

Les Chevaliers-Sauveteurs des Alpes-Maritimes.

_____

(1) Dans la seule ville de Naples, les quinze premières Sociétés artistiques, littéraires et humanitaires, avaient conféré à la diva royale leurs diplômes et leurs croix d'or.

9

l'Ordre royal de Mélusine, une marque particulière de son admiration pour ses braves chevaliers qui avaient pris une part active dans le sauvetage périlleux des victimes de l'incendie du Théâtre des Italiens à Nice, en élevant quelques membres à la dignité de chevalier du même Ordre. Elle offrit, en outre, une distinction collective aux deux cent trois intrépides sauveteurs qui s'étaient le plus signalés sur le lieu du sinistre, en décorant leur drapeau de la croix d'officier. Le Bulletin officiel de la Société ajoutait à la relation qu'il faisait de ce trait généreux de Son Altesse : « Nos chevaliers-sauveteurs ne pouvaient être décorés par un plus grand cœur et par une main plus gracieuse. »

Deux mois plus tard, le secrétaire de la princesse écrivait au même président de cette Société, pour le remercier de la croix de Mérite qu'il avait adressée à Son Altesse, et lui disait : « La jolie croix de Mérite qui accompagnait votre lettre à Son Altesse Royale, lui a été plus agréable et sera plus précieuse, a-t-elle dit, que le plus magnifique bijou enrichi des plus beaux brillants; elle sera le plus cher fleuron de sa couronne. Son Altesse vous prie de vouloir bien dire à vos vaillants sauveteurs combien elle a été charmée d'apprendre qu'elle a pu leur causer une joie. La croix de son Ordre leur rappellera sans cesse que leur héroïque conduite a été l'objet de son admiration. »

C'est dire combien la regrettée princesse attachait d'importance à ces précieux emblèmes de l'honneur, du courage, du dévouement et de la bienfaisance, soit qu'elle les reçût, soit qu'elle les décernât. Les natures d'élite comprennent le prix d'une bonne action et la valeur morale de la récompense. Elle offrait avec un réel plaisir les insignes de son Ordre et se réjouissait toujours d'inscrire sur ses tablettes le nom d'un nouveau brave, comme elle se faisait un

honneur véritable d'avoir son nom gravé sur le Livre d'or
des Sociétés savantes et humanitaires, qui l'admettaient à
partager leurs espérances et leurs succès dans la croisade du
dévouement.

L'année précédente avait donné occasion à la princesse
Marie de faire admirer le magnifique *talent* dont Dieu l'avait
douée.

Talent de la princesse
Marie.

La *Gazette universelle des Étrangers,* de Paris, publiait,
le 20 juin 1880, l'article suivant :

« Une partie de l'Arménie, ayant été dernièrement le
théâtre d'une affreuse guerre, fut dévastée, et une terrible
famine en fut la conséquence inévitable. Les populations des
villes et des campagnes mouraient par milliers. Des comités
de secours se sont organisés partout. Le cœur si charitable
et si compatissant de la princesse Marie de Lusignan en a été
vivement frappé. Non seulement elle a voulu procurer de
suite du soulagement par sa fortune aux malheureuses victimes
du fléau, mais elle veut encore y contribuer par son talent.
L'intéressante soirée musicale qui va être donnée par S. A. la
princesse au profit des victimes de la famine en Arménie,
aura lieu samedi 26 juin, à huit heures et demie, en son
hôtel de Lusignan. »

Le résultat de cette soirée fut immense; l'enthousiasme
fut tel que tous voulurent féliciter la diva royale de son
magnifique succès et de sa pieuse et grande action. Le coquet
hôtel de Lusignan et ses délicieux jardins étaient décorés et
illuminés d'une façon ravissante. M. Jules Grévy, Président
de la République, ainsi que les ministres et les illustrations
que Paris renferme, avaient voulu honorer de leur présence
cette représentation grandiose de charité; la recette merveil-

Le Président de la
République et les
ministres répondent
à l'invitation de la
princesse.

leuse fut versée intégralement à la caisse du Comité central arménien de Constantinople, toutes les dépenses ayant été supportées par la princesse. Ce n'était point la célébrité que recherchait Marie de Lusignan, c'était la consolation de ceux qui souffraient : Amour et Charité, voilà quelle était sa devise (1).

L'Arménophile.

Les Arméniens, fidèles à leurs traditions sacrées, se prosternent à terre et la baisent pieusement, dès qu'ils aperçoivent de loin leur vénéré Massis (le mont Ararat), où s'arrêta l'arche de Noé. Ce mont sacré leur rappelle que la terre qu'ils foulent est la première sur laquelle marchèrent les patriarches de l'humanité ; ils doivent, en le contemplant, attendre des jours meilleurs. En 1882, une arche nouvelle, invisible à leurs yeux, allait voguer des bords de la Seine vers cette Arménie tant aimée et la colombe qu'elle renfermait devait lui apporter, comme autrefois, avec son rameau d'espérance, des consolations et des bienfaits. C'est qu'après les ressources considérables envoyées à ce peuple, la princesse Marie allait fonder l'*Arménophile*, dont nous avons parlé précédemment. Mais on suscitait à cette œuvre grandiose des obstacles insurmontables.

Le titre de « Mère des pauvres ».

Les Sociétés Unies-Arméniennes d'enseignement gratuit écrivaient à cette époque à la princesse, qu'avec l'autorisation du Conseil de la nation, elles l'avaient fait inscrire, dans le registre national de la Bienfaisance, sous le titre de « Mère des pauvres » (8 mars 1882).

La supérieure de l'Orphelinat arménien de Haskeuy, près de Constantinople, adressait, à la même date, la lettre suivante à la princesse Marie :

---

(1) La direction de l'Hôpital national de Constantinople lui offrait, le 21 février 1882, les remerciements des nombreux malades soulagés par l'envoi de ses médicaments et lui faisait part des prières ferventes qu'on adressait pour elle au ciel.

« Illustre et gracieuse Princesse,

» J'apprends avec joie que Votre Altesse n'épargne aucun effort ni sacrifice pour la fondation de la Société l'*Arméno-phile,* dont le but est de faire venir à Paris de jeunes orphelines arméniennes, et particulièrement les élèves les plus méritantes de mon orphelinat, pour leur donner une solide et brillante instruction.

» C'est un grand bonheur pour mes orphelines que Votre Altesse ait daigné leur accorder sa bienveillante sollicitude.

. . . .

» C'est de la part de beaucoup d'infortunées que je dépose à vos pieds le témoignage de leurs sentiments de profonde gratitude unis aux miens, en appelant sur nous pour toujours votre compassion et votre bonté.

» Daignez, illustre et gracieuse Princesse, agréer les ferventes bénédictions de mon cœur et celles de mes orphelines que vous avez si généreusement soulagées.

» Nous prions le ciel de répandre ses bénédictions sur votre belle et heureuse tête.

» Je reste, de Votre Altesse Royale,

» La très humble servante.

» *Signé :* La supérieure SERPOUHI NECHAN CALFAYAN. »

Mmes la Présidente et la Secrétaire de la « Grande Société des Dames arméniennes amies des Écoles » (Tebrotzacer Dignantz) de Constantinople, adressèrent, le 28 juillet 1882, à S. A. R. la princesse Marie, la prière d'obtenir, par sa puissante et gracieuse médiation, un portrait de *Victor Hugo,* revêtu de sa signature. Le poète, avons-nous dit déjà, s'intéressait vivement aux œuvres innombrables de la princesse.

Le portrait
de Victor Hugo.

« Nous savons, Altesse, écrivirent ces dames, que vous êtes accablée de toutes sortes de demandes, mais nous pensons que vous voudrez bien prendre en considération notre position exceptionnelle, puisque nous avons l'honneur de vous adresser cette prière au nom de la nation arménienne, qui est déjà redevable de tant d'éminents services à votre illustre famille. »

Voici la réponse de la princesse :

« Mesdames,

» C'est avec un véritable plaisir que j'ai lu votre lettre du 28 juillet, et je vous remercie infiniment de toutes les gracieuses paroles que vous voulez bien m'adresser.

» J'aime l'Arménie, et, vous avez raison de le croire, tous mes efforts tendent à la faire connaître, à la faire apprécier et aimer, non seulement en France, mais dans le monde entier, partout où mon nom et ma voix peuvent parvenir.

» Sachant combien sont utiles et indispensables à la régénération et à la civilisation d'un peuple l'éducation et l'instruction de la femme, mon désir est de fonder, à Paris, une Société internationale intitulée l'*Arménophile,* dont le but serait de faire venir en France les jeunes orphelines arméniennes les plus méritantes, pour perfectionner leur instruction et les renvoyer ensuite dans leur patrie, afin qu'elle puissent devenir institutrices dans les écoles de la nation et y répandre les bienfaits de l'instruction et de la civilisation européennes.

» Les statuts de la Société ont déjà été soumis à l'examen du Ministre de l'Intérieur. Une fois qu'il les aura autorisés (espérons que la politique ne l'en empêchera pas), je pense être à même de fonder cette Société avec le concours de nos amis. C'est alors, Mesdames, que j'aurai aussi besoin de votre concours, et je suis persuadée que votre patriotisme éclairé me l'accordera de tout cœur, car n'avons-nous pas le même but, la régénération de la nation par l'école?

» Donnons-nous ainsi la main, Mesdames, et travaillons avec courage, persévérance et dévouement pour le bien de cette nation arménienne, qui a tant de belles qualités pour être appréciée et aimée de tous.

» Malgré ma ferme résolution de ne plus rien demander à mon illustre ami Victor Hugo, le grand génie qui domine notre siècle, j'ai voulu faire néanmoins une exception en votre faveur.

» Accédant à votre vif désir, je lui ai fait signer pour vous une de ses grandes photographies et je vous l'offre. Je lui ai fait lire aussi la lettre que vous lui avez écrite. Il l'a trouvée charmante et remplie des plus nobles sentiments patriotiques; il vous en remercie. Avec son portrait, son esprit et son cœur seront toujours au milieu de vous.

» Mon frère bien-aimé, S. Ém. Mgr Khorène, prince de Lusignan, archevêque de Béchiktache, aura le plaisir de vous remettre la présente avec le portrait du grand poète.

» Recevez, Mesdames, l'assurance de toute ma sympathie.

» *Signé :* Marie de Lusignan,
» Princesse royale de Chypre, de Jérusalem et d'Arménie.
» Paris, 19 août 1882. »

Hélas! la politique a empêché la fondation définitive de l'*Arménophile*, qui devait donner à l'Arménie un essaim d'institutrices et de mères chrétiennes capables de contribuer à la régénération de ce brave peuple.

Près de la résidence de la famille royale, la princesse

Marie possédait deux autres hôtels donnant également sur la magnifique avenue d'Eylau, à laquelle on donna le nom de Victor Hugo, même de son vivant.

La Municipalité de Paris.

La porte principale de l'hôtel princier est abritée par une élégante marquise, qui, par ses dimensions, enfreint les règlements de l'édilité parisienne. Par sa tolérance pleine de bonne grâce, l'autorité municipale, reconnaissant le dévouement de Son Altesse Royale, n'a rien pu refuser à une illustre propriétaire qui faisait de sa maison la banque des indigents.

Ce simple détail témoigne éloquemment combien les concerts de charité des Lusignans avaient acquis d'importance dans la capitale.

L'hôtel qu'habitait Victor Hugo porte le n° 124. Dans le vestibule, sur une porte vitrée, se détache en dépoli le blason des rois de Chypre. L'austère poète, qui a abdiqué le titre de comte, tolérait cependant l'écusson royal des Lusignans, ce qui prouve l'estime, l'admiration et le respect qu'il professait pour cette grande famille.

Dédicaces nombreuses.

Un grand nombre d'écrivains et de musiciens de mérite de France et de l'étranger se firent un bonheur d'offrir à la princesse Marie les fruits de leur talent. Nous ne pouvons tous les énumérer, le cadre restreint de ce travail ne nous le permet pas ; il nous suffira de citer quelques noms.

Le savant magistrat, M. Theligny du Castaing, envoyait à Son Altesse Royale un ouvrage patriotique avec cette noble lettre :

« En dédiant à Votre Altesse Royale cet *Essai de morale philosophique sur le relèvement de la France,* j'ai moins voulu le parer du nom si glorieux dans les fastes de notre histoire et si justement célèbre de nos jours dans le monde humanitaire, de celle que les pauvres ont surnommée l'Ange de la charité, qu'affirmer une fois de plus devant ceux qui le liront mon reconnaissant et inaltérable dévouement à Votre Altesse Royale. . . . .

. . . . »

M. Grandhantz-Loiseau lui dédiait son beau travail sur les Sociétés humanitaires françaises et étrangères.

« Cet ouvrage, écrivait-il à la princesse, va être mis sous presse bientôt ; j'ai voulu, avant de commencer la première feuille, me permettre une demande que, j'espère, vous daignerez accueillir favorablement.

» J'ai le plus grand désir de vous dédier cet ouvrage en reconnaissance de toutes vos bontés pour les œuvres de bien et les Sociétés humanitaires, et pour vous témoigner toute l'affection que je porte à votre auguste personne.

» Votre acceptation sera la plus belle préface que je pourrai y faire . . . . »

M. Charles Catanzaro, directeur de la *Rivista Italiana*, de Florence, dédiait à Son Altesse son grand roman : *La Triste Vérité*, avec cette dédicace :

« Altesse Royale,

» Je prends la liberté de dédier ce très modeste écrit à votre illustre nom, qui signifie magnanimité, grâce et bienfaisance, que tous honorent et que tant d'infortunés bénissent . . . . »

Un littérateur très distingué et très sympathique, M. Émile Hérouard, lui dédia plusieurs compositions en vers et notamment un magnifique poème sur la terrible catastrophe d'Ischia. A ce sujet, Mgr di Rende, nonce apostolique à Paris, et le général Menabrea adressèrent au poète des lettres de félicitations et de remerciement.

Mlle Anne-Marie Botteau a dédié à Son Altesse le *Dictionnaire encyclopédique et biographique des Femmes célèbres de toutes les nations et de toutes les époques.*

Mme Antoine Jauffret, si appréciée par ses nombreux ouvrages, publiait en tête de son volume *Trois Diplomates* la lettre suivante :

« *A Son Altesse Royale*
    Madame la princesse Marie de Lusignan.

» Madame,

» Une nouvelle contenue dans ce volume : *La Victoire la plus difficile,* a eu le bonheur de plaire à Votre Altesse.

» L'auteur a donc remporté la victoire la plus difficile.

» Toute fière de ce succès, je sollicite de Votre Altesse la haute faveur de lui dédier le volume tout entier.

» Inscrire en tête d'un livre votre illustre nom de Princesse Amie des Arts et des Lettres, c'est donner à ce livre l'assurance d'un bon accueil. . . . . »

Parmi les maestri qui ont dédié à Son Altesse de ravissantes compositions, nous pouvons citer les noms de MM. Lodoïs Lataste, Michel Grimaldi, Michel Parravano, François Postiglione, Robert Masulli, Léopold Stern, Gasser, François de Pillis, H. Bertolino, Georges Lissa, Pietrapertosa, Émile Gruber, Decq, Leybach, Vasseur frères, H. Duvernoy, etc., etc., et, parmi les dilettanti distingués, le commandeur François Verdura, consul à Gênes de S. M. le Schah de Perse; Antonio Padula, Joseph Giuliano, Attilio Giardini, Georges d'Olne, Nathaniel Durlacher, Mme Marie-Édouard Lenoir, directrice du *Biographe,* etc.

M. l'abbé Gervais, compositeur sacré, dédiait à Son Altesse son hymne à sainte Cécile avec ces lignes :

« Puisse ce chant à sainte Cécile, dont vous rappelez si bien et la noblesse et les vertus et le génie musical, vous être agréable ! Puisse-t-il vous rappeler l'admiration que professe pour votre charité, illustre Princesse,

» Le plus humble et le plus respectueusement dévoué de vos serviteurs.

» *Signé :* Abbé GERVAIS. »

M. Perny, compositeur et savant rosiériste de Nice, a créé deux belles variétés de roses-thé qu'il a baptisées l'une « Princesse Marie de Lusignan » et l'autre « Prince Guy de Lusignan ».

Un grand nombre de journaux illustrés ont reproduit les traits de la princesse. Beaucoup de revues scientifiques, des bulletins officiels de Sociétés savantes et humanitaires ont redit les bienfaits de Son Altesse et rendu hommage aux vertus, aux bienfaits et aux exploits de la Maison royale de Lusignan.

Citons ici la charmante pièce de M. Fabre des Essarts :

HOMMAGE A LA PRINCESSE DE LUSIGNAN

Lorsque le cœur féru d'amour et de vaillance,
Ayant rondache au flanc, au poing sa bonne lance,
Le chevalier d'antan descendait au champ clos,
Pour avoir jusqu'au bout bonheur et force d'âme,
Il portait avec lui les couleurs de sa dame
　　Et s'en allait chantant son los.

C'était quelque lambeau de satin ou de frange,
D'argent comme le lys, ou d'or comme l'orange,
Parfois d'un rose pâle ou d'un rose de sang ;
Précieux talisman, aimable sauvegarde !
Le preux sans frissonner voyait la mort hagarde,
　　Quand il avait ce doux présent.

Et l'ardeur de son fier estoc n'était point vaine,
Et le héros sentait bouillonner dans sa veine,
Le vin mystérieux, dont s'enivrent les forts;
Et lorsque, triomphant, il sortait de l'arène,
Quelque tendre baiser octroyé par sa reine
　　Était le prix de ses efforts.

Ainsi, vos blanches mains, ô princesse idéale,
Ont de vos deux couleurs doté ma main féale;
Du destin maintenant que puis-je redouter?
Ce signe protecteur sera mon bon génie,
Il rendra mon cœur plein d'espérance infinie,
　　Maintenant je saurai lutter.

Par lui, je combattrai, non le combat féroce,
Qui depuis six mille ans, dans la mêlée atroce,
Jette Abel expirant en proie au noir Caïn,
Mais la lutte sereine, humanitaire, auguste,
La lutte sans merci, qui pour but a le juste
　　Et la parole pour moyen.

Libre, joyeux, bardé de noble confiance,
Sans oncque avoir mépris ni félonne oubliance
Du fier serment d'honneur à vos genoux juré,
Je serai là, debout au fort de la bataille,
Le glaive en main, frappant d'estoc, frappant de taille,
　　Le cœur de gloire enamouré.

Et tous les vieux fléaux qui rongent notre France,
La Guivre préjugé, la Tarasque ignorance,
Se tordront, déchirés, sous mon fer glorieux;
Et lorsque le combat enfin aura pris cesse,
Vous daignerez livrer votre sceptre, ô princesse,
　　A mes baisers victorieux.

Certes, je hais les rois, sombres massacreurs d'hommes;
Qu'ils règnent sur les Tyrs ou les mornes Sodomes,
Mon superbe mépris est le même pour tous;
Mais quand la royauté de grâce exquise est faite,
Quand on a la beauté pour couronne de fête,
　　Quand on est reine comme vous,

Quand on vit, comme vous, pour sauver l'indigence,
Je n'ai plus ni rancœur, ni clameurs de vengeance,
J'évolue! Attendri, plein d'ineffable émoi,
Devant votre grandeur, je sens ma petitesse;
Je deviens royaliste à vous voir, noble Altesse,
Républicaine mieux que moi!

FABRE DES ESSARTS.

Paris, 24e jour du mois de Marie, **1886**.

Nous ne pouvons passer sous silence la savante brochure
que M. Charles Préau dédiait, en 1892, à Mgr le prince Guy
de Lusignan. Ce travail, intitulé : *Histoire numismatique de
la Maison de Lusignan,* dresse l'inventaire du monnayage
particulier des Lusignans et nous donne l'histoire monétaire
complète de cette Maison souveraine.

Une feuille qui fait autorité : *le Monde artiste,*
montre combien avaient raison ceux qui considéraient la
princesse Marie comme étant en même temps une des plus
illustres et des plus charitables princesses de notre époque :

« Ce qu'a fait la princesse de Lusignan, elle seule au
monde peut-être pouvait le faire, car elle possédait talent,
beauté, jeunesse, bonté, noblesse, vertu, fortune et enthousiasme lyrique. Le constater, c'est adresser à cette femme au
grand cœur le plus beau des éloges. »

Voici de bien jolis vers dédiés à la princesse Marie, par
le marquis de Lauzières de Thémines :

Madame, un jour le grand poète
Que la France admire entre tous,
A, sur votre main si bien faite,
Mis un baiser galant et doux.

Sur cette main mignonne et nue,
Aux doigts effilés et neigeux,
De tous les indigents connue
Et chère à tous les malheureux;

Sur cette main au divin charme,
Si je me penchais un jour, moi,
Je sens bien que c'est une larme
Que j'y mettrais en mon émoi.

Vous que le ciel fit deux fois reine,
Par le nom auguste des rois
Et par la beauté souveraine
De vos traits et de votre voix;

Fée et muse à la fois, chacune
S'étant fait une égale part:
Fée, en soulageant l'infortune,
Muse, en vous élevant par l'art;

Jusqu'où s'étend votre puissance?
Sur la terre, au ciel? Dites-nous,
Pour qu'on vous jure obéissance
Ou qu'on vous adore à genoux.

Venez-vous des célestes sphères
Où Cécile trouve l'accord,
Et pour l'hymne et pour les prières
Du chant avec les harpes d'or?

Étiez-vous des saintes phalanges
Qui défilent aux pieds de Dieu?
Pour nous, à vos frères les anges,
Avez-vous dit un jour adieu?

Ou plutôt n'êtes-vous pas née
Sous un doux regard du Seigneur,
Du mystérieux hyménée
De l'Espérance et du Bonheur?

Que de fois l'on vous fit hommage,
Lorsqu'on vous vit dans les salons
Nous charmant par votre ramage,
Sous un nimbe de cheveux blonds;

Lorsqu'on vous vit, comme aux féeries,
Paraître aux bals étincelants,
Le front couvert de pierreries,
Dans le flot de vos voiles blancs,

Ou dans la grâce triomphante,
Sous nos regards émerveillés,
Passer avec des airs d'infante
Par nos jardins ensoleillés !

Mais combien vous étiez plus belle
Le soir qu'un élan généreux
Vous fit, à vos aïeux rebelle,
De la rampe affronter les feux.

Sous le costume poétique
Que bravement vous empruntez
A la paysanne helvétique,
Les cheveux sur le dos nattés ;

Cette chevelure dorée,
Comme on la voit aux chérubins,
Ou comme la montre éplorée
La Madeleine de Rubens,

Vous chantiez de la *Somnambule*
La plainte et l'amour infini,
Idylle qu'ignora Tibulle
Et que soupira Bellini !

De votre voix mélodieuse
Au timbre pur, au son si doux,
La fauvette était envieuse,
Le rossignol était jaloux.

Elle est si suave et si tendre,
Et votre chant a tant d'attrait,
Que l'on croirait vraiment entendre,
A chaque note, à chaque trait,

Sinon le chant de la Sirène
Tout à la fois doux et fatal,
Un fil de perles qui s'égrène
Dans une coupe de cristal.

A l'artiste, à la grande dame,
Chacun criait : « Bravo ! Vivat ! »
On ne sait plus qui l'on acclame
De la princesse ou la diva.

Et vous voulez être acclamée
Pour soulager plus de malheurs,
Cachant la couronne fermée
Sous une couronne de fleurs ;

Car à vos notes cristallines
Si tant de mains applaudissaient,
Le jour après les orphelines
Du fond du cœur vous bénissaient.

On m'a dit qu'une main discrète
Alla porter le lendemain
Chez elles l'offrande secrète...
Et je sais quelle est cette main !

Je sais que, quoi qu'on en obtienne,
L'autre ignore ce qu'elle fait,
Afin que de la loi chrétienne
Le bon gardien soit satisfait.

C'est une main que, dans la fièvre
De mes désirs tumultueux,
Je voudrais porter à ma lèvre
En hommage respectueux,

Si le culte que, sans mélange,
La vertu peut seule inspirer,
Ne me faisait deviner l'ange
Qu'on doit prier et vénérer.

Marquis DE LAUZIÈRES DE THÉMINES.

L'Ode patriotique de Mgr Khorène.

Le 24 novembre 1882, le prince Guy adressait à Victor Hugo la lettre suivante :

« Très cher et illustre Poète,

» Mon frère l'archevêque Khorène de Lusignan, votre fidèle et dévoué disciple, que vous avez daigné appeler « poète et confrère », me donne l'agréable mission de vous offrir son Ode, dont vous avez bien voulu accepter la dédicace et qui est intitulée : *Bénis soient les amis de la pauvre Arménie !*

» Je sais que vous aimez l'Arménie ; vous m'avez souvent parlé avec émotion de ses antiques gloires, de ses souffrances présentes et de son avenir.

» Je suis persuadé que vous aimerez aussi cette Ode, qui nous rappelle tout cela avec tant de vérité et de patriotisme.

» Votre bien affectionné.

» *Signé :* Guy de Lusignan. »

Le jour suivant, Victor Hugo donnait un dîner en l'honneur du prince et de la princesse. Parmi les convives se trouvaient plusieurs ministres et l'élite de la société parisienne. A table, le Maître parla avec émotion de l'Ode de l'archevêque Khorène ; il fit du poète les éloges les plus flatteurs et pria le prince Guy de vouloir bien être son interprète auprès de son éminent frère et de le féliciter vivement de sa part. « Son Ode, ajouta Victor Hugo, est digne de son nom et de sa race par l'élévation de ses pensées et la noblesse de ses aspirations patriotiques. »

Nous avons dit, au chapitre III, combien la vie de l'illustre archevêque avait été bien remplie ; il nous reste à dire combien sa mort plongea dans le deuil la nation arménienne. La presse entière consacra à la mémoire de ce prélat savant, diplomate, poète et patriote, les éloges les plus flatteurs et les plus mérités.

La presse au sujet de la mort de Mgr Khorène.

Nous nous contenterons de citer le *Figaro* qui fut le premier à donner la nouvelle de cette mort:

« Un des prélats les plus considérables de l'Église

arménienne, Mgr Khorène de Lusignan, vient de mourir à Constantinople.

» Mgr Khorène, prince de Lusignan, né en 1838 à Constantinople, avait fait ses études chez les Mékhitaristes de Venise, puis à Paris, où il publia quelques poèmes dans différents journaux et notamment dans une revue arméno-française, *la Colombe du Massis,* qu'il dirigeait avec son frère le prince de Lusignan.

» Tour à tour membre du Conseil ecclésiastique d'Arménie, archevêque du diocèse de Béchiktache, député de la nation à l'Assemblée représentative, Mgr Khorène rendit de grands services aux blessés français et contribua à la restauration du palais de la Légion d'honneur (1).

» Il se rendit également au Congrès de Berlin, comme délégué autorisé par la Sublime-Porte, et y obtint d'importantes garanties pour les Arméniens.

» Sa grande érudition et sa remarquable éloquence l'ont fait comparer souvent aux Pères de l'Église grecque. »

(Numéro du 26 novembre 1892.)

Le lendemain, la *Patrie* consacrait à l'illustre défunt un article qui faisait sensation, car il protestait, comme de grands journaux l'avaient fait quelques mois auparavant, contre la calomnie du ministère ottoman. Les feuilles publiques saluèrent donc avec respect la mémoire bénie de Mgr Khorène et participèrent au deuil de son auguste frère, Mgr le prince Guy de Lusignan, comme elles avaient salué naguère la douce et immortelle mémoire de l'aimable et vertueuse princesse Marie, et partagé la douleur de son royal époux.

---

(1) A l'époque de la guerre franco-allemande, Mgr Khorène s'était dévoué au soin des blessés.

Voici la superbe poésie à laquelle fait allusion S. A. R. le prince Guy, dans la lettre qu'il adressait à Victor Hugo et que nous reproduisons précédemment :

ODE

BÉNIS SOIENT LES AMIS DE LA PAUVRE ARMÉNIE

A Victor Hugo.

> « Toute sa magnificence lui a été enlevée ; elle était libre, elle est devenue esclave. »
> (I, Mach., II, 11.)

I

« Nous l'aimons, m'ont-ils dit d'une voix attendrie,
« Poète, oh! parle-nous de ta chère patrie! »
Et puis, voyant les pleurs qui tombaient de mes yeux,
« Pourquoi donc tant de deuil? » s'écriaient-ils entre eux.
Qu'ils soient bénis, Seigneur, ces hôtes vénérés,
Dont le cœur sait comprendre une angoisse infinie !
Bénis soient ces amis de la pauvre Arménie,
Qui respectent son nom et sa gloire sacrés.

Vous demandez pourquoi ce grand deuil du poète,
Pourquoi tant de soupirs, tant de douleur secrète
    Dans cet enfant inconsolé?
Il n'a pu saluer encor les hautes cimes
Des monts arméniens, malgré les vœux intimes
    Qu'exhale son cœur exilé.

De son regard voilé par des larmes amères,
Il n'a pas vu ce sol où vécurent ses pères
    Et qu'empourpra leur sang royal;
Ce sol, cette patrie, objet de sa tendresse,
Où l'air si doux, pour lui refusant sa caresse,
    Semble souffler si glacial.

Il n'a pu rafraîchir ses lèvres desséchées,
Aux vivifiantes eaux qui, sous des fleurs cachées,
    Arrosèrent l'Éden jadis.
Que ne peuvent, du moins, ses yeux toujours avides,
Hélas ! mêler leurs pleurs à vos ondes limpides
    O fontaines du Paradis !

Mais que dis-je ? Déjà les larmes de nos pères
Ont changé vos ruisseaux en des sources amères
    L'azur ne s'y reflète plus.
Le parterre divin s'est fané sur leur rive,
Et de ces lieux déserts pas un écho n'arrive,
    Pour redire des noms connus.

Qu'ils soient bénis, Seigneur, ces hôtes vénérés,
Dont le cœur sait comprendre une angoisse infinie !
Bénis soient ces amis de la pauvre Arménie,
Qui respectent son nom et sa gloire sacrés.

Arménie ! Arménie ! ô ma douce patrie,
Quelle main tyrannique, après t'avoir meurtrie,
    Osa consommer ton affront,
En jetant les lambeaux de ton manteau de reine,
Et courber sous le joug ta tête souveraine,
    Bien que Dieu l'eût marquée au front ?

Point de débris épars, vestiges de ta gloire,
Après tant de splendeurs, qui donc aurait pu croire
    Qu'on te verrait mourante un jour ?
Malgré tes souvenirs qui se pressent en foule,
Jamais cet étranger qui, par hasard, te foule,
    Ne te choisira pour séjour.

Comme s'il ignorait, ce visiteur qui passe,
Que son pied dédaigneux vient imprimer sa trace
    Su lar poussière de héros,
Dont la mâle bravoure en ébranlant le monde,
Arrête là leur marche en conquêtes féconde
    Au seuil de l'éternel repos.

C'est là qu'ils sont tombés, ces princes magnanimes,
Ces preux de l'Occident que des accents sublimes
    Célébrèrent avec orgueil.
Terre de mes aïeux, si l'étranger oublie
Ton nom si doux, du moins que moi je le publie,
    Qu'il vibre de mon luth en deuil.

Mais bénissez, Seigneur, ces hôtes vénérés,
Dont le cœur sait comprendre une angoisse infinie!
Bénis soient les amis de la pauvre Arménie,
Qui respectent son nom et sa gloire sacrés.

Toi que l'astre du jour salue à son aurore,
Que son dernier rayon vient caresser encore,
  Pays, n'es-tu pas toujours beau?
Terre qui fus deux fois le berceau de la vie,
Après ce double honneur que l'univers envie,
  Ne serais-tu qu'un froid tombeau?

Se pourrait-il, contrée entre toutes bénie,
Que ta gloire se fût complètement ternie,
  Durant les siècles écoulés?
Qu'importent les malheurs, le dédain, l'ironie!
Ta gloire reste intacte, ô terre d'Arménie,
  Et chère à tes fils désolés.

Regardez bien son front majestueux de reine;
Il garde malgré tout une beauté sereine,
  Que cache mal son crêpe noir.
Tour à tour il porta, jadis, quatre couronnes,
Donnant aux nations et des rois et des trônes,
  Avec l'exemple du devoir.

O caprices du sort! étrange destinée!...
Voudrais-tu donc nous dire, ô reine infortunée,
  Comment Dieu put tarir un jour
La bonté dans son cœur, s'armer de sa colère
Et te faire payer, par autant de misère,
  Les prodiges de son amour?

Où sont tes verts lauriers, tes palmes triomphales?
Quel est l'audacieux qui, dans tes mains royales,
  Brisa ton sceptre, don divin?
Tes plaines et tes monts, vastes champs de ta gloire,
Et que couvrit jadis l'aile de la victoire,
  Voient croître l'herbe du chemin.

Mais vous, soyez bénis, nos hôtes vénérés,
Dont le cœur sait comprendre une angoisse infinie.
Bénis soyez, amis de la pauvre Arménie,
Qui respectez son nom et sa gloire sacrés.

Oui, donnez votre cœur au malheur qui l'implore !
Telle qu'un pâle jour qui doit bientôt éclore,
    Mais dans la nuit enseveli,
Elle vous apparaît, cette chère Arménie.
Quand donc, se réveillant de sa longue agonie,
    Surgira-t-elle de l'oubli ?

Ses fils qui n'ont rompu qu'un pain pétri de larmes,
Pourront-ils jamais voir la fin de ces alarmes,
    Où Dieu les tient dans son courroux ?
Des sommets du Massis, l'aurore renaissante
Semble leur présager l'aurore bienfaisante
    D'un jour plein de pardon pour tous.

La main qui fait jaillir la clarté des ténèbres,
Comptant, comme à regret, quatre siècles funèbres,
    Bénira les Arméniens.
Non, cette main pour eux ne sera plus avare,
Car je la vois déjà qui s'ouvre et se prépare
    A rompre bientôt leurs liens.

Et vous, fils de l'Europe, hôtes si vénérés,
Vous qui comprenez bien notre angoisse infinie,
Soyez bénis, amis de la pauvre Arménie,
Que sa gloire et son nom pour vous restent sacrés !

II

    Salut, ô divine espérance,
    Baume si doux dans le malheur,
    Qui sais tempérer la souffrance
    Et tarir la source des pleurs !
    Seigneur, toi, le Dieu de nos pères,
    Qui vois nos soupirs, nos misères,
    Oh ! bénis notre nation !
    Au mont Ararat montre encore
    Ton arc-en-ciel, riante aurore,
    Qui fut le gage du pardon.

    Ah ! si par ta miséricorde,
    Il reluit sur ce mont sacré,
    Si ce pardon, ta main l'accorde,
    S'il nous est du moins assuré,

Là, près de toi, divin refuge,
Nos cœurs comme au jour du déluge,
Bâtiront aussi leur autel,
Où s'immolant en sacrifice,
Ils rendront grâce à la justice,
Par l'holocauste solennel.

Ces cœurs broyés par l'infortune,
Fidèles t'ont gardé leur foi,
Et sont, à force d'amertume,
Devenus plus dignes de toi.
S'il leur faut achever la lie
D'une coupe toujours remplie,
Et rompre encore le pain des pleurs,
Si leur angoisse et leur prière
N'ont pu désarmer ta colère,
S'il n'est pas assez de douleurs :

Nous, les enfants de cette mère,
Peuple exilé, peuple meurtri,
Nous le jurons, par cette terre
Dont l'homme fut jadis pétri,
Par la montagne glorieuse
Qui porta l'arche précieuse,
Par ces plaines et ces vallons
Où les premières fleurs brillèrent,
Où nos pères si preux tombèrent,
Arrosant de sang leurs sillons ;

Oui, nation infortunée,
Enfants dispersés, nous jurons,
Que la patrie abandonnée,
Encor, toujours nous l'aimerons.
Des bords si riants de la Seine
A la chaude plage africaine,
Des Alpes à l'Himalaya,
Arménie, ô saint apanage !
Jamais, en marchant d'âge en âge,
L'Arménien ne t'oubliera.

Plein des souvenirs de ta gloire,
Il apprendra sous d'autres cieux
A ses enfants et ton histoire,
Et les hauts faits de ses aïeux ;

Leur faste dans les jours de fête,
Leur deuil dans ces jours où leur tête
Reçut le baptême des pleurs;
Rappelant du sort l'ironie,
Il dira comment l'Arménie
Fut vouée à tous les malheurs.

Mais bénissez, Seigneur, ces hôtes vénérés,
Dont le cœur sait comprendre une angoisse infinie!
Bénis soient ces amis de la pauvre Arménie
Qui respectent son nom et sa gloire sacrés.

Et des méchants ont osé dire :
« Leur nation erre en tous lieux
« Où le sordide gain attire,
« Tel un peuple maudit des cieux. »
Quoi, dans une même balance
Placer le malheur, l'insolence,
Les fils du Christ, ceux de Judas !
L'Arménien garde fidèle
Son cœur dont la foi se révèle;
Il croit et ne blasphème pas.

Ah ! cruels, niez notre gloire
Et nos héros; foulez aux pieds
Ce sol, berceau de votre histoire,
Qu'en fils ingrats vous oubliez.
Est-ce un crime que la misère?
Si nous errons sur cette terre,
L'or vil guida-t-il nos efforts ?
Pèlerins, loin de la patrie,
Sous tous les cieux notre cœur prie,
Et c'est le droit qui nous rend forts.

Mais vous, soyez bénis, nos hôtes vénérés,
Qui partagez du moins notre angoisse infinie,
Bénis soient les amis de la pauvre Arménie,
Qui respectent son nom et sa gloire sacrés.

Impuissants ont été le glaive
Et les fers qu'on veut nous forger.
Que notre carrière s'achève,
Loin de nos monts, à l'étranger ;
Qu'on nous torture, nous dépouille,
Qu'on refuse à notre dépouille

Un lieu de repos et de paix;
Malgré les affronts et l'outrage,
Rien ne ravira l'héritage
Que nous garderons à jamais.

Job put rester inébranlable,
Avec sa foi dans le Seigneur;
Au sein du malheur qui l'accable,
Nous conservons dans notre cœur
Un talisman, seule richesse,
Que Dieu laisse à notre détresse,
Après tous nos trésors perdus;
Il résume avec nos souffrances,
Nos gloires et nos espérances,
Nos pleurs et nos vœux confondus.

C'est le doux nom de la patrie,
Echo de mille sentiments,
Qu'on prononce à genoux, qu'on crie
Pour jurer la foi des serments;
Nom puissant qui guida nos pères,
Et que, dans leurs marches guerrières,
Ils proféraient avec orgueil;
Nom consolant qu'ils soupirèrent
Et qu'en succombant ils léguèrent
A notre exil, à notre deuil.

Arménie! ô sainte Arménie!
Dernier souffle de nos aïeux;
Nom suave et plein d'harmonie
Que nous soupirons vers les cieux!
Le Gange, l'Oural, le Bosphore,
Le Volga murmurent encore,
A chaque instant, à chaque flot :
« Arménie! ô sainte Arménie! »
Et, redisant leur symphonie,
La Seine est leur fidèle écho.

Ah! si mon luth brisé, si ma voix de poète,
Suspendent leur concert après ce nom si doux,
Vous, hôtes vénérés, prononcez-le pour nous,
Et que votre amitié sans cesse le répète.

Khorène de Lusignan

CHAPITRE VII

Le couvent de Sainte-Catherine-du-Mont-Sinaï, où fut institué
le premier Ordre de chevalerie des Lusignans.

Le pays que nous décrivons est une presqu'île triangu-
laire s'avançant dans la mer Rouge, entre le golfe de Suez au
couchant et le golfe d'A'Kâbah au levant. Du Sinaï, qui en
est le cœur et presque le point culminant, elle tire sa célébrité
et son nom de Presqu'île Sinaïtique.

Suez et le fort d'A'Kâbah au nord, le promontoire de
Ras Mohammed au sud, marquent les sommets du triangle;
leurs distances, qui en sont les côtés, ne diffèrent pas
beaucoup l'une de l'autre : 241 kilomètres de Suez au fort
d'A'Kâbah, 214 du fort d'A'Kâbah à Ras Mohammed, 299 de
ce promontoire à Suez.

Jetant les yeux sur la carte, on voit que la presqu'île
a deux parties fort distinctes, séparées par une ligne de
montagnes, Djebel et-Tih, qui s'étend de Suez à A'Kâbah en
s'avançant en pointe vers le sud. Au nord de cette chaîne est
un plateau désert peu accidenté Et-Tih (l'égarement); au sud
est une contrée presque entièrement couverte de hautes
montagnes, nommée Thor (la montagne).

Sur le golfe de Suez les montagnes s'arrêtent générale-
lement à quelque distance de la côte, laissant devant elles
une plage assez large. Aux environs de Thor elles restent à
20 kilomètres de la rive, et la plage forme une plaine de

346 kilomètres carrés nommée El-Qa'a (la plaine). Il n'en est pas de même sur la rive du golfe d'A'Kâbah; les montagnes touchent presque le rivage; on n'y trouve que d'étroites langues de terre et quelques rares oasis de palmiers; la plus importante est celle de Dhahab.

Son histoire.

Saint Denys d'Alexandrie nous apprend que, dans les deux ou trois premiers siècles de notre ère, beaucoup de chrétiens d'Égypte se retirèrent dans ces montagnes pour fuir la persécution. Vers la même époque, les vallées les plus sauvages aux environs du Sinaï se peuplèrent de solitaires et de moines; l'empereur Justinien fit bâtir des remparts autour de l'église du Sinaï pour qu'ils eussent un refuge contre les continuelles agressions des barbares indigènes. Du IVᵉ siècle au VIIᵉ siècle, ce fut la période de la domination monastique.

Au VIIᵉ siècle, l'invasion musulmane, venue de l'Arabie, détruisit la plupart des habitations des solitaires, repoussa dans les déserts du nord une partie des anciens habitants et s'assimila le reste. Seul le couvent, protégé par la forteresse de Justinien, put échapper à la dévastation. Sous les nouveaux maîtres du pays, la solitude, la stérilité agrandirent les déserts; comme sous les frimas et les tempêtes de l'hiver, la vie se retira au cœur des vallées les mieux protégées, les plus fertiles. Aujourd'hui la péninsule n'a que quatre mille hommes, tous Bédouins, sans compter les femmes et les enfants, dispersés sur une étendue égale à celle de la Belgique. Ils forment onze tribus, dont quatre habitent le Tih et sept le Thor; elles sont soumises au gouvernement égyptien, mais elles vivent avec une certaine indépendance. La tribu de Djébeliyeh a le privilège de garder le couvent et de protéger les religieux; son territoire entoure le monastère; ses trois cents hommes se nomment les protecteurs des moines qui les considèrent comme leurs vassaux.

ET - TIH

Suez

Dj. er-Raha

A'youn Mouça

Go Ife

O. Soud-

Dj. Bichr

Djebel

O. Ouerdan

O. Amara

A'in Hroukirih

et -

Dj. Hammam
Froun

Marbout el-Djémal

Tih

O. Isma

Dj. Aradch

de

Meghara

Dj. Bénât

A'in Houdhera

Suez

El-

Feiran
Oetah

Eroueis el-Ebing

El-Onatych

Chcik

Golfe

Dj. Katherin

Ste Catherine

Dahab

Dj. Oumm-
Chomer

Thor

Mekabah

d'Akaba

THOR

Ras Mohammed

EL-CHEDOUAN

Le voyage du Sinaï doit se faire sous la protection des moines grecs du grand couvent de Sainte-Catherine avec les chameliers de la tribu des Djébeliyeh au service du monastère. Aucun Bédouin n'oserait conduire un voyageur dans ces déserts sans être commissionné par le couvent. Les moines sont les princes du pays; leur couvent en est la capitale.

En partant de Suez, avant d'arriver à l'oasis de Feiran, le voyageur s'arrête à l'ouadi Mokatteb ou Vallée écrite, magnifique plaine, longue de 12 kilomètres, large de 4, superbe place de campement pour les nomades de la contrée. Les parois de rocher, les blocs de grès tombés de la montagne y sont couverts d'inscriptions singulières; leurs traits paraissent faits en martelant le roc avec une pointe de pierre dure. Aux inscriptions sont mêlées des croix de toutes formes, des figures d'hommes et d'animaux. Ce sont là les inscriptions sinaïtiques, formant encore pour les orientalistes un champ d'études en partie inexploré.

L'ouadi Mokatteb.

L'oasis de Feiran s'étend sur une longueur de 4 à 5 kilomètres dans une vallée sinueuse et étroite. On y chercherait vainement un gracieux village, des chemins, des enclos réguliers. Ce ne sont que de beaux palmiers entre lesquels se cachent quelques misérables huttes en pierres sèches et de petits jardins entourés d'épines, où de pauvres Bédouins font pousser un peu de tabac et quelques herbages. Les habitants, une centaine au plus, vivent de quelques misérables troupeaux de chèvres et de moutons et de leurs dattes. Il paraît que les religieux de Sainte-Catherine, anciens propriétaires de l'oasis, ne pouvant défendre leur bien contre les déprédations des Bédouins, résolurent de se les attacher par des bienfaits et leur distribuèrent des parcelles de terrain. Aujourd'hui, la plupart des Bédouins tiennent à posséder quelques palmiers à Feiran. Au temps de la maturité, ils

L'oasis de Feiran; ses dattes.

viennent y cueillir leurs dattes, qui ont une véritable réputation. Les Bédouins pétrissent ces fruits et en font des
petits saucissons couverts de peau de gazelle qu'on vend au
Caire comme friandises.

On identifie l'oasis de Feiran avec la station des Hébreux
à Raphidim. La montagne où priait Moïse pendant que Josué
combattait les Amalécites est le Djebel et-Tahouneh, la seule
montagne qui domine le passage. La tradition veut que
l'église existante ait son autel sur les pierres qui soutenaient
Moïse durant sa prière. Cette église, ornée de pilastres en
grès rouge, de style grec, fut élevée sur les ruines d'une plus
vaste église à trois nefs. Pharan ou Feiran avait pris de
l'importance dans les premiers siècles de notre ère. La
colonie cénobitique qui s'y forma fut administrée, plus tard,
par un évêque. Les premiers titulaires dont le nom nous soit
parvenu, furent le moine Aretas et l'évêque Macaire. Les
moines, exposés aux déprédations des tribus indigènes, se
transportèrent peu à peu dans les ravins du mont Sinaï,
protégés par la forteresse de Justinien, devenue plus tard le
couvent de Sainte-Catherine L'évêque de Pharan ne tarda
pas à se retirer lui-même dans la forteresse et prit, dès lors,
le titre d'évêque du Sinaï. A partir de cette époque, Pharan
ne fit que décroître. La ville, l'église principale, la résidence
de l'évêque étaient sur la colline de Maharrad.

L'empereur Justinien
fait bâtir le couvent.

La distance de Feiran au Sinaï est de 49 kilomètres. Le
couvent de Sainte-Catherine est bâti, suivant la tradition,
sur le lieu même où Dieu parla à Moïse du milieu du Buisson
ardent. Justinien éleva, en 527, l'enceinte fortifiée pour protéger l'église et les religieux contre les tribus barbares de la
contrée. Une inscription arabe du xiie ou xiiie siècle plaquée
sur la muraille, près de l'entrée, en conserve la mémoire.

« Le pieux roi Justinien, de l'Eglise grecque, dans

l'attente du secours de Dieu et dans l'espoir des divines promesses, a bâti le couvent du mont Sina et l'église de la
montagne du Colloque à son éternelle mémoire et à celle de
son épouse Théodora, afin que la terre et tous ses habitants
deviennent l'héritage de Dieu, car le Seigneur est le meilleur
des maîtres. Il acheva la construction à la fin de la trentième
année de son règne et donna au couvent un supérieur nommé
Dhoulas. Cela eut lieu l'an 6021 après Adam, la cinq cent
vingt-septième année de l'ère du Christ Notre-Seigneur. »

Durant l'invasion musulmane, les religieux, protégés par
un édit de Mahomet, échappèrent aux massacres et aux violences des nouveaux sectaires. L'original de l'édit était écrit
sur une peau de gazelle et signé du prophète par l'empreinte
de deux doigts de sa main. Il fut porté à Constantinople par
le sultan Sélim, après la conquête de l'Égypte, et placé dans
le trésor du grand-seigneur. Les religieux reçurent en
échange une copie munie du sceau de Sélim. Mais cette
pièce elle-même a disparu; le couvent ne possède plus,
aujourd'hui, qu'une transcription de seconde main, conservée
au Caire dans les archives de l'archevêché. En voici la
traduction :

« Mohammed ben Abdallah a rendu cet édit pour tout le
monde en général. Si un prêtre ou un ermite se retire dans
une montagne, grotte, plaine, désert, ville, village ou église,
je serai derrière lui comme son protecteur contre tout ennemi,
moi-même en personne, mes forces et mes sujets. Puisque
ces prêtres sont mes rayas, j'éviterai de leur faire aucun
dommage. On ne doit prendre d'eux que des contributions
volontaires, sans les y contraindre. Il n'est pas permis de
changer un évêque de son évêché, ni un prêtre de sa religion,
ni un ermite de son ermitage; aucun des objets de leurs
églises ne doit entrer dans la construction des mosquées, pas

même dans les habitations des musulmans. Celui qui ne se conformerait pas à ceci, contrarierait la loi de Dieu et celle de son prophète. Les chrétiens seront aidés à conserver leurs églises et leurs maisons, ce qui les aidera à conserver leur religion; ils ne seront point obligés de porter les armes; mais les musulmans les porteront pour eux, et ils ne désobéiront pas à cette ordonnance jusqu'à la fin de ce monde.

» Cet édit a été écrit de la main d'Aby Tabb, le 3 moharam, l'an 2 de l'hégire, et de Jésus-Christ le 1er août 622; il est signé par le prophète lui-même. Heureux celui qui fera et malheureux celui qui ne fera pas selon son contenu. »

Les religieux protégés par la Sublime-Porte et la Russie. Les maîtres de l'Égypte n'ont pas cessé de montrer aux religieux du mont Sinaï une spéciale bienveillance, et les sultans de Constantinople, à leur avènement au trône, leur envoient des lettres de protection en souvenir de l'édit de Mahomet, par reconnaissance du bien qu'ils font aux tribus de la péninsule et aussi pour la vénération que les musulmans eux-mêmes portent aux saints lieux dont ces religieux ont la garde. Ils jouissent, en outre, de la protection particulière et active de la Russie.

Noms donnés au couvent. Le monastère porta successivement trois noms. Au commencement du ixe siècle, on l'appelait couvent Sainte-Marie, en souvenir du Buisson ardent qui figurait la virginité de Marie conservée dans la conception du Verbe divin. Dans les siècles suivants, on l'appela le monastère de la Transfiguration, du vocable de sa grande église consacrée à ce mystère. Mais la dévotion spéciale des moines et des Russes à l'illustre martyre dont ce monastère garde les reliques apportées par les anges sur un sommet voisin, a fait prévaloir le nom de couvent Sainte-Catherine.

Description du couvent. Le couvent est situé au côté ouest de la vallée, sur le sol incliné qui monte à la base des grands rochers du Sinaï. Son

Couvent Sainte-Catherine.

enceinte forme un carré irrégulier de 80 mètres de long sur
70 de large. Les énormes murailles, flanquées de tours, sont,
en plusieurs endroits, soutenues par des contreforts inclinés,
en blocs de granit rouge, sans mortier. Les meurtrières au
sommet lui conservent l'aspect d'une puissante forteresse des
anciens temps, malgré les masures que les moines ont élevées
en plusieurs points sur la crête des murailles, et les petites
fenêtres qu'ils ont percées çà et là dans les parties hautes. Le
couvent renferme vingt-deux chapelles distribuées aux différents étages, dont la plus grande est celle de Saint-Michel ;
elles ne servent qu'au jour de la fête du saint auquel elles sont
dédiées.

A voir la facture peu uniforme des murailles et les sculptures dont les ouvriers les ont parsemées, on reconnaît
qu'elles furent refaites par morceaux à des époques diffé-
rentes. On y rencontre, taillées en saillie sur le granit, des
croix de toutes les formes usitées en divers pays. On montre
une portion des murailles rebâties par le général Kléber au
temps de l'expédition française en Égypte. Vu de la galerie
élevée sur laquelle s'ouvrent les chambres des étrangers, le
monastère se présente comme un ancien village fortifié, un
castellum du moyen âge, avec ses rues tortueuses, ses
impasses, ses passages couverts, ses petites places sans
symétrie, ses vieux canons de fer rouillé au sommet des
murs d'enceinte. Les petites maisons des moines, les magasins, les bâtiments de service sont placés sans ordre ; tout est
assez mal construit, le plus souvent couvert d'un simple
enduit de terre glaise et dans un état de vétusté voisin du
délabrement.

Seule la grande église, située au milieu de l'enceinte,
paraît solide et bien entretenue. Son bel escalier, sa façade
propre, son toit neuf en zinc, son riche campanile italien

L'église de la
Transfiguration.

de construction récente réjouissent l'œil du pèlerin. La basilique de la Transfiguration, élevée sur l'emplacement du Buisson ardent, est l'un des plus vénérables sanctuaires du monde. Séparée de toutes les autres constructions, elle les domine toutes ; on sent que le couvent tout entier est pour elle ; aussi bien les moines la gardent-ils avec un soin jaloux.

De grandes lettres grecques gravées sur le devant des marches donnent par leur ensemble le nom du supérieur qui l'a fait construire, Jakobos. En face de l'escalier, entre la façade et le mur d'enceinte, on montre le puits de la rencontre de Moïse avec les filles de Jéthro. La même source alimente à l'extérieur du monastère un réservoir souterrain où les habitants du voisinage viennent puiser une eau excellente. Avant de pénétrer dans l'église, on traverse un vestibule fermé, un *nartex*, occupant toute la largeur de l'édifice. On admire la splendide porte de l'église. Dans ses immenses vantaux de 2^{m}5o de large et de 4 à 5 mètres de haut, pas un espace qui ne soit couvert de riches ornements de bronze, ou d'émaux d'une incomparable richesse. A gauche de la porte s'élève un superbe bénitier : trois vasques de marbre blanc, superposées et ornées de colombes d'argent en gargouilles, sont destinées à recevoir l'eau sainte. Elle est imposante, la basilique de Justinien, avec ses puissantes colonnes aux riches chapiteaux, son pavé de marbres de couleur et de porphyre sinaïtique, son abside couverte de mosaïques, son plafond à poutres dorées à panneaux vert et or, ses quarante lampes d'argent, ses dix grands lustres, ses tapis et ses nombreux ornements. La nef du milieu, plus élevée que les nefs latérales, est portée par douze colonnes, image des apôtres soutenant l'Église de Dieu. Le chœur est fermé par un riche iconostase de bois doré, chargé de tableaux moscovites.

La mosaïque du pourtour de l'abside représente la

Transfiguration du Sauveur, antique vocable de l'église. Sur la voûte qui couvre l'abside, on voit au milieu le Buisson ardent, à droite Moïse ôtant sa chaussure, à gauche Moïse portant les Tables de la loi, et au fond du tableau la montagne du Sinaï. Plus haut sont deux anges et deux médaillons ; ceux-ci représentent, dit-on, Justinien et son épouse Théodora. Le *ciborium* de l'autel plaqué d'écaille avec incrustations de nacre, exécuté en 1682 sous l'archevêque Joanichios, le trône archiépiscopal, deux lions de bronze soutenant des candélabres à l'entrée du chœur, et quantité de tableaux et d'images attirent l'attention du visiteur. Mais le trésor dont les religieux sont justement fiers, qui leur conserve les vives sympathies de la Russie, attire les pèlerins et les offrandes du grand empire du nord, ce sont les restes précieux de sainte Catherine, vierge, philosophe et martyre d'Alexandrie.

Sainte Catherine était de sang royal ; elle avait un si beau talent qu'à l'âge de dix-huit ans elle confondit une assemblée de philosophes païens avec lesquels Maximin II l'obligea de disputer. Les actes de la sainte ajoutent qu'elle fut attachée sur une roue garnie de pointes aiguës, mais que les cordes se brisèrent miraculeusement, en sorte que la sainte fut délivrée ; mais elle fut condamnée à être décapitée. Son corps fut porté par les anges sur le mont Sina en Arabie, disent le martyrologe et le bréviaire romains. C'était en l'année 237. Les chrétiens avaient cherché son corps, sans pouvoir le trouver, et, pendant trois siècles, personne ne savait ce qu'il était devenu. Mais Dieu fit connaître au supérieur du monastère du Sinaï qu'un trésor précieux pour l'Église entière était caché dans les montagnes voisines et qu'il eût à le chercher avec ses religieux. Voici la légende de cette découverte :

Sainte Catherine.

« Partis à la découverte du corps de sainte Catherine, les religieux du Sinaï rencontrèrent dans une caverne fort élevée un vieillard inconnu qui leur dit : « Et moi aussi, j'ai
» été plusieurs fois averti de chercher ce trésor de l'Église de
» Dieu ; mais j'ai craint que ce ne fût un artifice du démon
» pour me faire sortir de ma retraite. En votre compagnie, je
» ne crains rien. Allons sur cette haute montagne où j'ai vu
» souvent briller une lumière ; elle doit avoir au sommet
» quelque chose de divin. »

» Il leur montrait le plus haut pic de la péninsule, le Djebel Katherin, situé à peu de distance du Sinaï. Les religieux avaient toujours considéré cette montagne comme inaccessible. Ils parvinrent cependant, avec beaucoup d'efforts, à gravir le sommet, et ils y trouvèrent le corps d'une vierge sans corruption, déposé dans un creux de rocher. Nul doute que ce ne fût le trésor promis. Ils se mirent en prière, remerciant Dieu et lui demandant de leur manifester le nom et les mérites de la sainte. Et voici que, pendant leur prière, un autre vieux solitaire arrive en gravissant les rochers : « Mes
» frères, leur dit-il, le Seigneur m'envoie vous dire le nom,
» les mérites et la gloire de cette vierge, comment les anges
» l'ont transportée ici et l'ont gardée jusqu'à ce jour. » Puis il leur ordonna de transporter le saint corps dans leur monastère de Sainte-Marie au Buisson ardent. « Car, ajouta-t-il,
» on viendra des extrémités de la terre vénérer ce précieux
» dépôt. » Il baisa dévotement le corps et, descendant rapidement la montagne, disparut pour toujours. »

Le tombeau de la sainte se trouve à l'extrémité de l'abside ; c'est un sarcophage de marbre blanc orné de bas-reliefs. Les ossements sont renfermés dans deux reliquaires de métal doré : l'un contient la tête de sainte Catherine, brune et sans cheveux, l'autre une main encore couverte d'une peau sombre et ridée. Les autres parties du corps ont été cédées dans la suite des siècles à d'illustres bienfaiteurs du couvent ou envoyées en Russie. Au IXe siècle, le moine Siméon, venu à Rouen pour recevoir l'aumône annuelle du duc Richard de Normandie, lui laissa d'insignes reliques de sainte Catherine. Le père de Henri V, comte de Champagne, reçut au Sinaï une main de la sainte et en fit présent à l'église de Saint-Jean-de-Vertus, dans la Marne.

Le père gardien du corps saint offre aux pèlerins une boule de coton et une bague argentée qui ont touché les reliques insignes. Ces bagues, fort recherchées en Russie, portent sur le chaton le monogramme du couvent où l'on peut lire *Aikateria*, nom de la sainte chez les Grecs.

Les bagues de sainte Catherine.

La chapelle du Buisson ardent se trouve derrière l'abside de la basilique; c'est un petit édifice demi-circulaire, éclairé par quelques lampes. Des tapis persans couvrent le sol, des faïences peintes ornent les parois. L'autel, qui marque l'endroit précis de l'apparition, est situé contre le mur au fond du demi-cercle. Sous la table de marbre, portée par deux colonnettes, pendent trois lampes constamment allumées, éclairant une plaque d'argent ornée de croix que baisent les pèlerins.

Derrière cette antique chapelle, les religieux montrent une vieille ronce du genre *rubus*, cultivée avec soin. Les pèlerins russes n'oublient pas de prendre quelques-unes de ses feuilles qu'ils conservent comme une relique.

Au temps où les moines ne pouvaient se montrer en dehors de leurs murailles sans s'exposer aux mauvais traitements des Bédouins, on se rendait du couvent au jardin par un souterrain creusé dans l'intervalle des deux clôtures. Avec ses plantations d'oliviers et d'arbres fruitiers de toute espèce, sa fraîcheur entretenue par des eaux abondantes, le jardin apparaît comme une petite oasis enchâssée entre les plus sombres rochers.

Le cimetière est au milieu du jardin. Sa chapelle blanche, nouvellement reconstruite, entourée de hauts cyprès, est dédiée à saint Tryphon, religieux élevé sur le siège patriarcal de Constantinople et retourné au monastère pour y finir ses jours. Tout à côté, sont les deux grands caveaux servant d'ossuaires.

La salle de la bibliothèque, d'une centaine de mètres carrés, contient des livres de prières à jolies enluminures, un psautier complet écrit en caractères microscopiques sur six petits feuillets, les portraits des anciens archevêques et de nombreux manuscrits grecs, arabes et syriaques. La fameuse bible sinaïtique, transportée à Saint-Pétersbourg en 1859, remonterait à l'an 400 de notre ère.

A 550 mètres au-dessus du couvent se trouve la grotte du prophète Élie, enchâssée dans deux petites chapelles jointes l'une à l'autre, la chapelle d'Élie et celle de Moïse; elles sont elles-mêmes entourées d'un pauvre jardin au milieu duquel s'élève un magnifique cyprès.

Le petit plateau terminal, le vrai sommet du Sinaï où Dieu donna les Tables de la loi à Moïse, est à 150 mètres au-dessus de la chapelle d'Élie, c'est-à-dire à 2,244 mètres d'altitude; le couvent lui-même a une altitude de 1,528 mètres. Sur ce plateau célèbre se trouve une chapelle, sorte de salle de 9^{m}50 sur 3^{m}25, blanchie à la chaux, avec plafond en planches. Une draperie haute d'un mètre court le long des murs; des mouchoirs de couleur, des châles offerts par des pèlerins russes pendent aux murailles. Les fondements de divers édifices détruits montrent que bien des sanctuaires différents se sont succédé en ce lieu.

En allant visiter le Djebel Katherin, qui garda pendant

Le mont Sinaï.

trois siècles le corps de sainte Catherine, on s'arrête au couvent des Quarante-Martyrs, ou Deïr el-Arbaïn. Le monastère est désert depuis un siècle ; de temps à autre quelques religieux du grand couvent s'y rendent pour surveiller la propriété ou recevoir les pèlerins. L'église et le couvent sont dédiés à quarante solitaires de ces montagnes, mis à mort par les barbares au temps de Dioclétien.

Au sommet du Djebel Katherin, la plate-forme a seulement quelques mètres de large, et la petite chapelle en pierres sèches de Sainte-Catherine en occupe la moitié. Quelques inégalités de rocher autour de la chapelle passent pour l'empreinte du corps de la sainte qui y séjourna trois siècles ; c'est le sommet le plus élevé de la péninsule, il a 2,602 mètres d'altitude.

Les religieux du Sinaï furent l'objet de la paternelle sollicitude des papes, tant qu'ils vécurent dans la foi catholique. Parmi les lettres de saint Grégoire le Grand (590-604), il en est une adressée à Jean, abbé du mont Sina, où le pontife se recommande aux prières des moines et mande à l'abbé qu'il lui envoie des meubles pour un hôpital qu'un étranger avait fait bâtir aux environs. En souvenir des bienfaits du saint pape, les religieux célébraient chaque année sa fête avec grande solennité, comme le rapporte Rudolphe dans son récit du pèlerinage de 1336 à 1341. Honorius III, par une bulle du 6 août 1218, étendue le 20 janvier 1226, confirma l'abbé du Sinaï et l'évêque Simon dans la possession du mont Sina, du couvent situé au pied de la montagne de Roboé, Raythou (Thor) avec ses plantations de palmiers et d'autres terres, églises, maisons, hôpitaux situés au Caire, à Alexandrie, Jérusalem, Antioche, etc. Dans plusieurs autres documents, le même pontife prend la défense de l'évêque du Sinaï et des religieux contre l'archevêque de Crète et son chapitre.

Les religieux du Sinaï.

Parmi les derniers actes pontificaux, où l'on constate l'union des religieux du Sinaï avec Rome, est une lettre d'Innocent VI, du 16 décembre 1260, adressée aux frères et à l'évêque du Sinaï, dans laquelle le pontife confirme la règle et les possessions du monastère.

Les religieux suivent la règle de saint Basile et appartiennent à la congrégation sinaïtique dont l'antique souche, plantée au pied du Sinaï, étend ses branches sur plusieurs contrées de l'Orient. L'autorité suprême appartient à l'archevêque élu par les moines; sa résidence est au Caire. Cet archevêque grec, comme ceux de Moscou, de Chypre et d'Ockrida, en Roumélie, est indépendant. Le représentant de l'archevêque est choisi parmi les religieux du couvent. Ceux-ci ne sont pas nombreux : six prêtres, quatre diacres et vingt frères forment toute la communauté. Ils étaient le même nombre, trente, en 1480, et dans les premières années du IXe siècle. Mais à d'autres époques leur nombre s'élevait à deux cents et trois cents. Les revenus du monastère proviennent principalement des terres qu'il possède dans les îles de Crète, de Chypre et dans les provinces danubiennes. Les cellules, le mobilier, les vêtements des religieux, leur nourriture, tout a la couleur de la simplicité. Ils ne boivent jamais de vin, ne mangent point de viande et n'en laissent jamais entrer dans le couvent. Toutes les nuits, à une heure et demie, ils chantent l'office divin. En dehors du temps de la prière, les religieux travaillent : les uns s'occupent du jardin ou se livrent à divers métiers, les autres s'emploient à la distillerie où l'on fait une eau-de-vie de dattes excellente; tous prennent soin de l'église qui est tenue avec un soin digne d'éloges.

L'Ordre de Sainte-Catherine; son passé, son présent.

Tels sont la contrée et le monastère que Robert de Lusignan visitait en 1063 à la tête des jeunes seigneurs français. Ému de l'abandon dans lequel se trouvaient les religieux et les pèlerins à cette époque, il fonda en ce lieu célèbre des chevaliers qui se dévouèrent à la garde du tombeau de sainte Catherine et au soulagement des malades. C'était, avons-nous dit dans le cours de l'ouvrage, la première action éclatante des Lusignans qui allaient s'établir en Palestine. Cette création, qui rendait de grands services aux pèlerins du Sinaï, fut religieusement conservée par les rois de Chypre. Mais les institutions humaines n'ont qu'un temps. Après la conquête des Turcs, l'Ordre fut privé de ses biens et dès lors il perdit son éclat. Néanmoins, il se perpétua longtemps encore, car, en l'absence des grands-maîtres, les abbés du monastère consacraient eux-mêmes les chevaliers. Le fait est mentionné par le savant jésuite André Mendo dans son *Traité sur les Ordres chevaleresques*, publié à Paris en 1671.

Rammelsberg, dans sa *Description de tous les Ordres chevaleresques religieux et civils existant encore aujourd'hui en Europe* (Francfort-sur-l'Oder, 1743), nous fournit ce passage : « Les Ordres ne se confèrent plus en dehors à cause des Turcs ; cependant les pèlerins qui visitent la montagne sont sacrés chevaliers sur la tombe de sainte Catherine par les moines en chef du couvent. » (Traduit de l'allemand.)

Cette usurpation, faite dans un but louable, n'existe plus aujourd'hui.

Cibrario, dans son livre : *Descrizione storica degli Ordini cavalereschi*, mentionne, parmi les derniers dignitaires de l'Ordre, Aubray, baron de Bruyères.

L'Ordre de Sainte-Catherine-du-Mont-Sinaï ne devait pas rester dans l'oubli ; son souvenir, toujours vivant au couvent de la sainte, devait renaître au grand jour un siècle après.

Le descendant direct des rois de Chypre, le prince royal Guy de Lusignan, reprenant la maîtrise de ses ancêtres, réinstituait cet Ordre le 1er mai 1891. Autrefois les dignitaires portaient sur le manteau, du côté gauche, par-dessus la croix d'or de Jérusalem, une roue percée à six raies de gueule, clouée d'argent. Aujourd'hui, l'insigne des chevaliers est une croix de Malte à huit pointes, émaillée de blanc, cantonnée de quatre croisettes de Jérusalem en or. Sur la croix est appliquée une roue à dents, en émail rouge, traversée par une épée ensanglantée. Au centre de la roue se trouve l'écusson des Lusignans. La croix est surmontée de la couronne royale; son ruban est rouge avec deux liserés, l'un noir, l'autre bleu, sur chaque bord.

Son Altesse Royale a voulu rattacher le présent au passé en payant une dette d'honneur à l'illustre Français qui implanta sa royale dynastie en Orient. Tous les chevaliers de Sainte-Catherine partagent ses nobles sentiments, tous les cœurs généreux l'applaudissent et l'histoire lui en sera reconnaissante.

CHAPITRE VIII

Los anciens royaumes des Lusignans : Jérusalem, Chypre, l'Arménie.

I

La Palestine où se trouve la ville sainte de Jérusalem, La Palest[est située au centre de l'ancien monde, dans l'Asie occidentale, sur les bords de la Méditerranée. Elle s'étend du nord au sud sur une longueur de 5o lieues et sur une largeur de 2o à 3o lieues. Elle compte environ 3oo,ooo habitants dont la plupart sont arabes ou turcs mahométans ; les catholiques, les arméniëns et les grecs y sont en petit nombre (1). Depuis les croisades, ce pays dépend de l'empire ottoman ; il est administré au nom du sultan de Constantinople par un pacha ou gouverneur résidant à Jérusalem.

Jérusalem, située au milieu de montagnes calcaires, nues La Ville et arides, est assise sur un plateau de 75o mètres d'altitude, partout environnée de ravins profonds et de torrents desséchés. La ville est entourée de murailles hautes de plus de 20 mètres, couronnées d'un chemin de ronde et de créneaux, et percées de sept portes. La ville se divise en quatre quartiers : au nord Bezetha, le quartier des mahométans ; à l'est Moria, le quartier des juifs ; à l'ouest le Calvaire, le quartier

---

(1) On ne compte en Palestine que 15 à 20,000 catholiques dont un millier à Jérusalem. Les grecs et les arméniens sont plus nombreux.

des chrétiens ; au sud-ouest Acra, le quartier des arméniens, laissant, au sud et en dehors des murs, le mont Sion, la cité de David et l'ancienne ville basse.

Vue du haut des montagnes, Jérusalem a une apparence de grandeur qui frappe l'imagination ; mais quand on entre dans l'intérieur, tout s'évanouit. Jérusalem est en réalité une ville de décombres et de ruines. Le quartier le mieux bâti est celui des arméniens.

Le Saint-Sépulcre.

Le monument le plus important est l'église du Saint-Sépulcre. L'impératrice Hélène, mère de Constantin, l'a fait bâtir sur l'emplacement du Calvaire, qui fut le théâtre du crucifiement, de la sépulture et de la résurrection de Jésus-Christ.

La description de ce beau monument, de la ville entière et de la Palestine a été donnée par une foule d'auteurs, et nous la passons sous silence. Le Jardin des Oliviers appartient aux pères de Terre sainte. On y remarque huit oliviers d'une grosseur extraordinaire et d'une antiquité si visible, qu'on peut croire, avec la tradition, qu'ils existaient du temps de Jésus-Christ. Vers l'extrémité du jardin est l'endroit où les Apôtres s'endormirent pendant que Jésus priait. Un peu plus loin, se trouve la grotte de l'Agonie ; elle forme une sorte de voûte qui s'appuie sur trois pilastres de la même roche et reçoit le jour par une ouverture pratiquée dans le haut.

État de la ville ; son avenir.

Les facilités de la vie, l'agrément, les affaires, tout ce qui attire dans les villes et les fait croître, manque à Jérusalem. A Jésus-Christ seul elle doit sa grandeur actuelle, son illustre passé, son glorieux avenir. Son enceinte est devenue trop étroite ; on a bâti une ville nouvelle à l'ouest des remparts sur le chemin de l'Europe, et de tous côtés, c'est une lutte à qui fera plus grand et plus beau, à qui possédera une plus grande part du sol foulé par le Rédempteur des hommes.

Le Saint-Sépulcre

La Société russe de Palestine augmente ses immenses établissements pour les pèlerins, élève une riche église contre le chevet du Saint-Sépulcre et construit de splendides édifices. La Société anglaise *Palestine Exploration Fund* continue à dépenser plus de 100,000 francs par an à la recherche des lieux et des monuments bibliques. Les catholiques, moins riches, ne restent point en arrière, ils dominent même le mouvement à force de dévouement et d'intelligence. Les pères de Saint-François agrandissent leurs églises paroissiales, devenues insuffisantes, font des fouilles au lieu de la flagellation, en vue de remplacer le sanctuaire actuel par une église plus belle et plus vaste ; ils s'apprêtent à construire un hospice à Capharnaüm et à Jéricho ; ils achètent de nouveaux terrains à Josaphat et à Siloé. Le Patriarcat latin (1) construit son séminaire. Les pères Dominicains achèvent de déblayer la Basilique Eudoxienne, élevée sur le lieu du martyre de saint Étienne ; ils ouvrent au jeune clergé une École de hautes études bibliques. Les pères de l'Assomption viennent de bâtir le superbe hospice de Notre-Dame-de-France. Les pères de Notre-Dame-de-Sion, les missionnaires d'Alger, des frères des Écoles chrétiennes, des religieuses de divers ordres construisent des églises, des couvents, des écoles, des orphelinats, des hôpitaux. La population de la ville, qui était de 25 à 30,000 âmes il y a vingt ans, a doublé de nos jours. Que sera Jérusalem dans quelques années lorsque, avec son chemin de fer qui la relie au port de Jaffa, son accès n'aura rien des difficultés qui fatiguent l'Européen sur les chemins de l'Orient ? Dieu a ses desseins auxquels concourent, souvent sans y songer, les habiles inventeurs de notre siècle.

---

(1) Le patriarche latin de Jérusalem, grand-maître de l'Ordre du Saint-Sépulcre, est S. B. Mgr Piavi.

II

Ile de Chypre;
ses limites.

L'île de Chypre, en grec Kypro, doit son nom à des mines de cuivre. Plus grande que la Corse, elle est de forme ovalaire, et projette au nord-est, vers le golfe d'Alexandrette, une longue presqu'île terminée par le cap Saint-André. Située à l'extrémité orientale de la Méditerranée, elle se trouve à proximité de la Palestine et de la Cilicie. Elle est traversée par une chaîne de montagnes qui s'étend du nord-est au sud-ouest sur une longueur de 232 kilomètres et une largeur de 38 kilomètres, et dont le point culminant est le mont Olympe qui a 2,010 mètres d'élévation. Dans les flancs de cette montagne se trouvent des mines de plomb argentifère. Dans le district de Baffa, on extrait du cristal de roche et des émeraudes.

Productions :
flore, faune.

L'île de Chypre, renommée pour la douceur de son climat et sa riche végétation, laisse à désirer par la culture du sol. Du côté nord-est, la chaleur est tempérée par les vents qui viennent des montagnes de l'Asie-Mineure, tandis que les côtes du sud-est, exposées au vent de l'Arabie, ont une chaleur plus forte qui procure souvent la malaria ou fièvre du pays. On y cultive des céréales, des arbres à fruits, du tabac, du coton, des olives et des vignes. On y remarque des cèdres, des pins, des cyprès, des chênes et des hêtres. Le charbon, très estimé, est exporté en Égypte et en Syrie; ses vins ont encore de nos jours une réputation méritée. La flore se rapproche de celle de l'Asie-Mineure. Quant à la faune, on ne signale que la race des mulets qui, étant de haute taille, sont comparés avantageusement à ceux d'Égypte.

Les maîtres de l'île.

Amasis fut le premier qui, vers l'an 550 av. J.-C., soumit

l'île de Chypre à la domination égyptienne ; Cambyse la fit passer aux rois de Perse. Après la bataille d'Issus, elle tomba au pouvoir d'Alexandre le Grand ; après sa mort, elle fit partie des États de Ptolémée Soter. Les Romains s'en emparèrent, non par conquête, mais par droit d'un testament qu'on fit revivre. Le prince Alexandre ayant été chassé de ses États par Ptolémée, légua, en mourant, pour se venger, son royaume de Chypre à la république romaine. Caton prit possession de l'île au nom du peuple romain et s'empara, pour la république, des trésors du roi de l'île qui s'élevaient à trente millions.

L'an 43, l'apôtre saint Paul passa en Chypre, où il convertit Sergius Paulus, proconsul et gouverneur de l'île pour les Romains. Ce proconsul, homme d'ailleurs raisonnable et prudent, avait auprès de lui un magicien nommé Barjésu, qui s'efforçait d'empêcher qu'on ne l'instruisît ; mais Paul l'ayant frappé d'aveuglement, Sergius, étonné de ce prodige, embrassa la foi de Jésus-Christ. Quelques auteurs ont prétendu que c'est en mémoire et à la prière de cet illustre prosélyte, que l'apôtre avait changé son nom de Saul contre celui de Paul.

Séjour de saint Paul à Chypre.

Au partage de l'empire romain, Chypre fit partie des possessions de l'Orient.

Pendant la troisième croisade, alors qu'elle se trouvait sous l'autorité d'Isaac Comnène, ce prince ayant commis la maladresse de repousser les navires anglais qui cherchaient un refuge contre la tempête, Richard Cœur-de-Lion, avons-nous dit dans le cours de l'ouvrage, s'empara de Chypre et la donna au roi de Jérusalem, Guy de Lusignan, l'an 1192.

Depuis la bataille de Tibériade (1187), les chevaliers de Saint-Jean-de-Jérusalem, abandonnant la Palestine, s'étaient retirés en Chypre. Ils y vécurent en paix sous la nouvelle

La dynastie des Lusignans.

domination des Lusignans ; ils quittèrent l'île, dans la suite, pour s'emparer de Rhodes.

En arrivant dans sa nouvelle principauté, Guy fonda l'Ordre de l'Épée, déjà mentionné au cours de l'ouvrage, et qui s'est perpétué jusqu'à nos jours. Les Maronites, bien accueillis par le roi, s'y maintinrent avec avantage.

Chypre forma, durant trois siècles, sous la dynastie des rois de Lusignan, un royaume florissant qui sut lutter avec gloire contre les Turcs.

Les capitales du royaume : Famagouste, Nicosie.

Les mémoires du temps disent que Famagouste (Arcinoé) la capitale, était alors une des villes les plus importantes et les plus fréquentées du monde. On y faisait le commerce des pierres précieuses, des draps des plus belles qualités; on y trouvait des entrepôts considérables de bois d'aloès et de productions de toutes sortes. Les négociants les plus riches du royaume y avaient leur résidence. Les nombreux navires qui allaient en Orient ou en revenaient, faisaient escale au port de Famagouste où l'on avait des nouvelles de tous les pays. On ne peut se faire une idée de l'opulence de Chypre à cette époque. Aussi les Génois, qui convoitaient ses richesses, finirent par se rendre maîtres de Famagouste à la fin du xive siècle. Cette ville reconquit bientôt son indépendance, mais les Vénitiens, en 1485, et les Turcs, en 1570, s'emparèrent définitivement de Chypre, et Famagouste, en grande partie, fut détruite. Cette ville, peu importante aujourd'hui, mais précieuse par ses souvenirs, ne présente qu'un amas de décombres. Existent encore une partie des remparts construits par les Génois et l'ancienne cathédrale Saint-Nicolas, convertie en mosquée. Cette église rivalisait, en magnificence, avec Sainte-Sophie de Nicosie ; c'est un édifice du xive siècle, avec façade gothique ; c'est là que les Lusignans étaient couronnés rois de Jérusalem. Près de la place Saint-Nicolas, est l'ancien palais des rois de Chypre. A l'intérieur, tout tombe en ruines; seule la façade, avec ses quatre arcades gothiques, ornées de colonnes en granit, reste debout. C'est tout ce qu'on voit de cette ville si belle et si riche à l'époque des Lusignans.

Nicosie, qui avait servi également de capitale au royaume de Chypre, et qui est aujourd'hui la ville principale de l'île, se trouve à 13 kilomètres de la mer. Elle est entourée de remparts, construits par les Vénitiens. L'ancienne cathédrale Sainte-Sophie, superbe édifice gothique où les rois de Chypre furent aussi couronnés, a été convertie en mosquée. Sa population, d'environ 15,000 habitants, est composée de Grecs et de Turcs, qui s'appliquent en grand nombre à la fabrication des tapis. Les Arméniens y sont peu nombreux.

Après Nicosie, Larnaca est la plus curieuse ville de l'île. Larnaca. Elle se divise en deux parties : la ville proprement dite et la marine, où sont les entrepôts et les comptoirs commerciaux. Les rues sont couvertes par des nattes qui les mettent à l'abri du soleil et leur donnent l'aspect d'un immense bazar. Dans la ville même, la plupart des maisons possèdent une cour, entourée de jolis portiques. Les catholiques ont une grande église dite des Bernardins ; les grecs ont Saint-Lazare, monument byzantin du xe siècle.

Cette ville, de 8 à 10,000 habitants, est la résidence des consuls européens.

On doit remarquer aussi Limaçol, petit port où abordèrent les Turcs en 1570, lorsqu'ils vinrent conquérir l'île. Depuis lors, Chypre était devenue un pachalik (province) de l'empire turc. Ce pachalik avait pour chef-lieu Nicosie ; cette ville et celles de Baffa et Cérina formaient trois sandjaks (arrondissements). L'île renferme six cent seize villages, dont cinq habités exclusivement par les Maronites; sa population, donnée en note dans le cours de l'ouvrage, s'élève à

186,000 âmes (1); plus de 30,000 habitants sont catholiques.

Destinée de Chypre.

Depuis 1878, l'île de Chypre est occupée militairement et administrée par l'Angleterre, comme gage de son protectorat sur l'empire turc en Asie ; mais cette occupation n'est point définitive, et le sort de l'île est à régler. Si la justice triomphe un jour, les trésors et les propriétés confisqués aux rois de Chypre seront rendus à leurs successeurs.

III

L'Arménie ;
ses limites.

L'Arménie, située dans l'Asie occidentale ou Asie-Mineure, est aujourd'hui partagée entre la Turquie, la Russie et la Perse. On donne le nom de Petite-Arménie au royaume fondé à l'époque des croisades par les Arméniens émigrés en Cilicie. Le royaume d'Arménie, dont nous avons parlé dans cet ouvrage, était borné au nord par l'empire de Trébizonde, à l'est par des royaumes turcs, le comté d'Edesse et la sultanie d'Alep, au sud par la Méditerranée qui la sépare de Chypre, à l'ouest par la sultanie de Roum ou d'Iconium.

Haïg, premier roi
d'Arménie.

La première dynastie arménienne fut celle des Haïgaziants, du nom de Haïg, son fondateur, lequel, dit la légende, travailla à la tour de Babel, et mourut âgé de quatre cents ans. L'histoire nationale rapporte que ce Haïg, petit-fils du petit-fils de Noé, fut invité par Nemrod, prince despotique de Babylone, à le reconnaître pour dieu. Haïg refusa et se retira dans les montagnes d'Arménie. Sommé de nouveau par Nemrod, le futur chef de la nation arménienne persista dans son refus et fut bientôt attaqué par son adversaire. Haïg,

---

(1) D'après divers renseignements, l'île contiendrait aujourd'hui 200,000 habitants.

accompagné de ses trois fils et d'une petite armée, se porta au-devant des forces babyloniennes qu'il rencontra dans la plaine de Sennaar. Il disposa ses troupes en triangle et plaça un de ses fils à chaque sommet. Lui-même, l'arc à la main, se tint au centre et la bataille s'engagea. Le prince de Babylone, prévoyant une défaite, voulut fuir ; mais Haïg se mit à sa poursuite, tira sur lui, et Nemrod, malgré sa solide armure, fut transpercé de part en part.

L'armée babylonienne, privée de son chef, se dispersa aussitôt. Quant à Haïg, il fit embaumer le corps de son ennemi, et l'enterra sur une montagne voisine.

L'Arménie ne posséda que quatre dynasties : celle des Haïgaziants, fondée par le fameux Haïg ; celle des Archagouniantz, fondée par Archag ; celle des Pacradouniantz, fondée par un prince pacradite, de la tribu des Pacradouni, descendant de deux chefs israélites qui s'étaient réfugiés en Arménie ; celle des Roupiniantz, dont le dernier roi, Léon V, était issu, par son père, de la Maison des Lusignans. Cette dernière dynastie a participé aux croisades ; elle possédait plusieurs princes d'origine franque, et c'est sous son règne que le catholicisme s'implanta chez les Arméniens. C'est du roi Léon V que Jacques Ier de Lusignan, roi de Chypre et de Jérusalem, hérita du royaume d'Arménie, le 29 novembre 1393; les Turcs s'en emparèrent au xvie siècle.

Les dynasties arméniennes.

Cependant la foi chrétienne avait pénétré chez eux du vivant même de Jésus-Christ, d'après la légende suivante, transmise de génération en génération, et reçue comme vérité par toute la nation :

La foi chrétienne ; légende s'y rapportant.

« Le roi Apkar, atteint d'une maladie grave, fit prier Jésus-Christ de venir en Arménie afin de le guérir. Il promettait de bien recevoir son hôte, de le combler d'honneurs et de richesses. Jésus répondit qu'il enverrait ses disciples. Apkar ayant alors exprimé le désir de posséder au moins le portrait de Notre-Seigneur, Jésus prit un mouchoir, le posa sur son visage, et, lorsqu'il l'en détacha, on y vit une figure qui reproduisait exactement les traits du Fils de Dieu. Les messagers d'Apkar rapportèrent ce mouchoir en Arménie, et aujourd'hui encore la bannière nationale remémore ce fait. En effet, l'écusson arménien, partagé en cinq parties, porte le mouchoir avec la tête du Christ, un lion, une aigle et la cathédrale d'Etchmiadzin, une tête d'agneau entourée d'étoiles, et, au centre de l'écu, le mont Ararat (le Massis) surmonté de l'arche de Noé.

» Peu après le départ des envoyés d'Apkar, Jésus fut crucifié, et le monarque arménien n'espérait plus aucun secours, lorsque l'apôtre Tadée parut en Arménie, guérit le roi et le baptisa, ainsi qu'un grand nombre de personnages de la cour et du pays. »

Saint Grégoire l'Illuminateur.

Mais le christianisme ne tarda pas à disparaître de ces contrées pour n'y revivre que vers la fin du III⁰ siècle. Saint Grégoire l'Illuminateur, issu d'une famille princière, convertit le roi Diritade qui avait été élevé à Rome. Bientôt la cour suivit cet exemple, et l'Arménie tout entière embrassa la foi nouvelle. Le premier soin de saint Grégoire fut de détruire tous les livres du paganisme, auquel les Arméniens tenaient encore pour ce qui concernait leurs fêtes et réjouissances publiques.

La fête des Colombes.

Néanmoins, beaucoup de vieux usages se conservèrent ; telle est, par exemple, la fête des Colombes (le Vartavar), dont l'origine remonte à la tradition de Noé. On sait que des colombes furent lancées de l'arche après son arrêt sur le mont Ararat; c'est en souvenir de ce fait que tous les ans les Arméniens célèbrent une fête, en donnant la liberté à un grand nombre de colombes.

Saint Sahag inventa l'alphabet arménien. Voici, à ce sujet, les trois légendes conservées dans le pays : L'alphabet arménien ; les trois légendes.

1° C'était pendant une nuit (probablement celle du Samedi saint), Sahag avait prié et chanté durant vingt-quatre heures. Fatigué, il se retira derrière l'autel et là, assoupi, il vit en rêve, se détachant distinctement dans l'espace, les signes du nouvel alphabet. Réveillé, il les transcrivit, tels qu'il les avait aperçus, et depuis lors on n'y a fait aucun changement;

2° Il existe en Arménie un bloc de pierre, dissimulé dans le creux d'un rocher et sur lequel apparaissent les signes arméniens trouvés par les saints pères. Mais ces lettres ne sont visibles que pour les personnes d'une vertu irréprochable ; et, comme de nos jours, peu de gens remplissent ces conditions essentielles, il est fort rare que les fameux caractères se montrent aux yeux des fidèles ;

3° La troisième tradition est traitée de ridicule par les modernes Arméniens, mais elle est professée par des patriotes zélés. Au dire des anciens, notre père Adam parlait la langue arménienne, car c'est en Arménie que se trouvait le Paradis terrestre, entre le Tigre et l'Euphrate.

Vagharchabad, près du Massis, devint la capitale de la deuxième dynastie arménienne. C'est là que saint Grégoire l'Illuminateur fit bâtir la première église Etchmiadzin, la cathédrale de toute l'Arménie. Pendant cette construction, le roi Diritade travaillait avec les hommes du peuple, portant sur ses épaules les plus grosses pierres, offrant ainsi un noble exemple d'humilité et de foi sincère, qui fut souvent imité par les princes de la chrétienté. Etchmiadzin.

Les Arméniens se laissèrent entraîner au viie siècle dans l'erreur d'Eutychès, et, peu à peu, se séparèrent de Rome et de la foi catholique. Néanmoins, à l'époque des croisades, loin d'imiter les fourberies des Grecs, ils combattirent vaillamment à côté des Francs pour la délivrance des saints lieux, et, depuis le concile de Florence, il y eut toujours dans la nation arménienne des évêques et des prêtres catholiques.

Mékhitar.

En 1700, un célèbre docteur, Pierre Mékhitar, religieux du monastère d'Etchmiadzin (bourg qui s'est formé autour de la première église et qui se trouve aujourd'hui dans le gouvernement d'Erivan, appartenant à la Russie), ayant embrassé la foi catholique, fut forcé de se retirer à Venise, où il put ouvrir une église et un monastère aux religieux de sa nation, appelés de son nom Mékhitaristes. Cette maison devint comme une pépinière de religieux arméniens qui sortirent de là pour évangéliser leurs compatriotes. Mékhitar joignit à son œuvre une imprimerie d'où sont venus grand nombre de publications savantes et de livres liturgiques à l'usage des Arméniens.

Hiérarchie.

La nation arménienne, qui compte environ cinq millions d'habitants, se divise en trois communautés distinctes : les Arméniens grégoriens, séparés de Rome et qui s'appellent orthodoxes, les Arméniens-Unis ou catholiques, les Arméniens protestants.

Ces derniers sont en si petit nombre, qu'ils ne forment pas, à proprement parler, une communauté spéciale.

On compte 150,000 Arméniens catholiques (1). Leur patriarche (2) réside à Constantinople ; il a sous sa juridiction trois archevêchés et seize évêchés.

Les Arméniens grégoriens sont les plus nombreux. Leur hiérarchie comprend : le catholicos, résidant à Etchmiadzin,

---

(1) Dans l'Asie-Mineure, les catholiques sont au nombre d'environ 730,000, dont 320,000 Maronites, 150,000 Arméniens, 125,000 Grecs, 50,000 Chaldéens, 45,000 Latins et 40,000 Syriens.

(2) S. B. Mgr Azarian, élu patriarche arménien de Cilicie en 1880.

les trois patriarches de Constantinople, de Jérusalem et de Sis, et un grand nombre d'archevêques et d'évêques.

Chaque communauté est régie par son patriarche, assisté d'un conseil national auquel se joint l'assemblée générale des notables de la nation. Le chef de ces églises est donc investi d'une double autorité, civile et religieuse ; il est le représentant officiel de ses conationaux ; il défend auprès de la Sublime-Porte leurs droits et privilèges.

La nation arménienne a su conserver, à travers les siècles, et malgré des vicissitudes inouïes, son caractère distinctif, sa langue, ses croyances. Pour nous, Français, elle mérite plus qu'une courtoisie banale, car elle possède avec nous des affinités que l'on rencontre rarement ailleurs. L'Arménien instruit parle notre langue, connaît notre littérature, nos journaux. Ce qui se passe en France le captive, et les jeunes Arméniennes adoptent les modes parisiennes et les portent avec élégance.

La destinée de l'Arménie n'est pas encore achevée. Ce n'est point un mystère, mais une conviction invétérée parmi ce peuple, qu'il a un rôle à remplir ici-bas. Tout n'est pas fini pour lui. Il semble impossible que l'Europe, après avoir permis à cette nation d'entrevoir des destinées nouvelles, l'abandonne plus longtemps à une servitude dégradante, aux injustices des gouverneurs turcs, aux persécutions des bandes kurdes. Les protestations des victimes furent portées au Congrès de Berlin par l'illustre et dévoué prince-archevêque Khorène de Lusignan ; elles y furent favorablement accueillies, mais rien n'est encore fait. Il faudrait pourtant séparer l'élément chrétien de l'élément turc ; les sanglants événements récents en démontrent de plus en plus la nécessité.

Qu'est-il advenu de la Grèce, de la Bulgarie, de la Serbie, de la Roumélie, depuis que ces peuples ont cessé de gémir

Destinée de l'Arménie.

sous le joug ottoman ? N'a-t-on pas assisté à leur véritable résurrection ? Pense-t-on qu'il n'en serait pas de même pour les Arméniens ? Si les grandes puissances tiennent encore à honneur d'écouter la voix des faibles, elles n'oublieront pas celle de la pauvre Arménie.

Le célèbre homme d'État, M. Gladstone, recevant en 1893 M. Tchéraz, Arménien, professeur de langues orientales à l'Université d'Oxford, et faussement accusé de conspiration à Constantinople, lui adressait ces mémorables paroles : « Priez Dieu que l'affaire du *Home rule* soit bientôt terminée. Alors, je vous en donne l'assurance, je m'occuperai de votre pays, et je ferai en sorte que la situation de vos malheureux compatriotes s'améliore. »

Mais la France généreuse qui possède aujourd'hui le digne et légitime héritier du royaume arménien, la France chevaleresque qui s'intéressa toujours au triomphe des saintes causes, et qui, devenue la protectrice des chrétiens en Orient, sut marcher à la tête des grands mouvements, voudra-t-elle rester en arrière dans celui qui s'opère en faveur de l'Arménie ?

Dieu veuille, que l'heure de cette heureuse rénovation sonne bientôt pour ce peuple, et qu'un jour l'illustre héritier des Lusignans puisse voir l'Arménie jouir de sa vraie liberté !

CHAPITRE IX

La généalogie des Hugues de Lusignan et Geoffroy la Grand' Dent.

Notre histoire semblerait incomplète, si nous ne donnions pas la dynastie des Hugues qui occupa le château de Lusignan, depuis son origine jusqu'en 1315, époque à laquelle les comtés de la Marche et d'Angoulême furent confisqués par le roi de France Philippe le Bel.

Nous devons également faire mention de Geoffroy de Lusignan, surnommé la Grand' Dent.

Hugues Iᵉʳ, dit le Veneur, chef des Lusignans de France. Était frère puîné de Guillaume Iᵉʳ, comte de Poitou en 935 et duc d'Aquitaine en 950. Fut aussi appelé Tête d'Étoupe, à cause de sa chevelure épaisse et blonde, ce qui lui valut enfin le surnom de Lesignem. Était contemporain de Louis IV d'Outre-Mer, roi de France (936-954).

Hugues II, dit le Bien-Aimé, sous lequel, d'après la chronique de Maillezais, le merveilleux château fut bâti par la fée Mélusine.

Hugues III, dit le Blanc. Vivait sous les règnes de Hugues-Capet et de Robert.

Hugues IV, dit le Brun. Soutint une guerre contre Guillaume IV, duc de Guyenne.

Hugues V, dit le Débonnaire. Tué en 1060 dans un combat

contre un autre duc de Guyenne, Guy-Geffroy. On cite, parmi ses frères, Robert de Lusignan qui fit le voyage de Terre sainte, du couvent Sainte-Catherine au mont Sinaï, et finit par s'établir en Palestine.

Hugues VI, dit le Diable, à cause de sa force prodigieuse. Fit le voyage de la Terre sainte, où il périt en 1110.

Hugues VII. Mourut à la croisade de Louis le Jeune, en 1148.

Hugues VIII, dit aussi le Brun. Se croisa comme ses pères, et fut prisonnier en 1165.

Adalbert, comte de la Marche en 1177, étant sans enfants et partant pour Jérusalem, vendit son comté au roi d'Angleterre Henri II, et, malgré l'opposition que mirent à la vente Geoffroy de Lusignan et ses frères Hugues et Guy (désignés plus loin), Henri II prit possession de la Marche et reçut les hommages des barons et des chevaliers. Cette domination anglaise fut de courte durée. Hugues VIII, ayant épousé Bourgogne de Rancon, laissa sept enfants, entre autres Hugues, qui ne tarda pas à lui succéder, Geoffroy, Guy et Amaury.

Hugues IX, fils de Hugues VIII, comte de la Marche en 1190, reprend sur les Anglais le domaine des Lusignans. Suit Richard Cœur-de-Lion à la croisade, épouse Mathilde, fille et héritière de Vulgrin, comte d'Angoulême, et meurt vers 1208.

On cite parmi ses frères :

Les frères de Hugues IX en Orient.

1° Geoffroy Ier de Lusignan, qui porta quelque temps le titre de comte de la Marche, puis de Joppé (Jaffa) ; il épousa Eustache Chabot, dame de Vouvant et de Mervent, dont il eut deux fils : Geoffroy la Grand' Dent (1), dont nous parlons

---

(1) Né vers 1200.

plus loin, et Guillaume, dont une fille unique, nommée Valence, porta par mariage les châteaux de Vouvant et Mervent dans la famille Parthenay-l'Archevêque. Eustache, étant morte vers 1204, Geoffroy Ier se remaria à Umberge de Limoges dont il n'eut pas d'enfant.

Geoffroy Ier s'illustra en Orient ; dès 1188, il était en Syrie, et en 1191 au siège de Saint-Jean-d'Acre, où il secourut son frère Guy. De retour en Aquitaine, vers 1197, Geoffroy fut dépouillé de plusieurs de ses fiefs par Jean sans Terre en 1202, et il s'y rallia en 1204, après avoir en vain renforcé l'armée d'Arthur de Bretagne. Il est cité parmi les chevaliers bannerets du Poitou en 1212, et Rigord rapporte qu'il se réconcilia l'année suivante avec Jean sans Terre, probablement à la suite du siège qu'il subit avec ses deux fils dans le château de Vouvant.

On lit dans Rymer (tome Ier, page 313), qu'en 1230, Henri III, roi d'Angleterre, libéra de prison un Geoffroy et un Aimeri de Lusignan, tous deux frères, devenus prisonniers, sur la promesse de Geoffroy de livrer ses châteaux de Vouvant et de Mervent au roi. Il s'agit évidemment de Geoffroy la Grand' Dent, et cet Aimeri, quoique non signalé par les généalogistes, n'était autre que son frère, car Geoffroy Ier eût été trop âgé en 1230, et Aimeri ou Amaury, roi de Chypre, mourut en 1205.

2° Guy de Lusignan qui, devenu roi de Jérusalem et de Chypre, fut le chef des Lusignans d'Outre-Mer et le premier souverain de son illustre famille.

3° Amaury II de Lusignan, qui succéda à son frère Guy comme roi de Chypre, et transmit le royaume à ses descendants.

Hugues X de Lusignan, comte de la Marche en 1208 et d'Angoulême en 1220, par son mariage avec Isabelle d'Angoulême, veuve de Jean sans Terre. Parmi ses fils, Guillaume de Lusignan devint comte de Pembroke en Angleterre (branche éteinte) ; il avait pris le surnom de Valence. Un autre fils, dit Aymar ou Athelmar, fut évêque de Winchester en 1260.

Hugues XI, surnommé le Brun, comte de la Marche et d'Angoulême en 1249.

Hugues XII, en 1250.

Hugues XIII, en 1270.

Guy, en 1302.

Yolande, en 1308, comtesse usufruitière des mêmes comtés, confisqués en 1315 par Philippe le Bel, au profit de Charles IV son fils.

y la Grand' Dent ;
égende, ses mé-
es.

Geoffroy la Grand' Dent avait acquis une grande renommée. Charles V ayant demandé à Jehan d'Arras d'écrire son histoire pour l'amusement de sa jeune sœur, la princesse de Bar, le *Roman de Mélusine* répandit son nom partout ; en Allemagne, on a trouvé une singulière médaille qui représente sa tête, coiffée d'un casque bizarre, avec une grosse dent qui sort de sa bouche. On lit autour : *Godefridus de Luzinem.* Le revers représente la tête d'un loup ou d'un animal monstrueux.

Tentzel, ancien conservateur du Cabinet des médailles de Gotha (1659-1707), qui a, le premier, décrit cette médaille, en 1692, dit que l'histoire de Geoffroy la Grand' Dent — ou plutôt le *Roman de Mélusine* de Jehan d'Arras — a été traduite du français en italien, puis en allemand, en 1456, par les ordres du margrave Rodolphe de Hochberg. Dans une traduction publiée à Francfort en 1571, on lit que deux chevaliers aragonais vinrent inviter le brave Geoffroy à venir combattre un monstre, gardien d'un trésor amassé par quelqu'un de sa maison. Quoique cet animal, dit la légende, eût déjà dévoré un chevalier anglais qui voulait l'attaquer,

GEOFROY A LA GRAND DENT DE LVSIGNAN

Geoffroy n'hésita pas à tenter l'aventure, mais il mourut de maladie avant d'avoir pu joindre le monstre.

Münter, antiquaire danois (1760-1830), a signalé deux médailles analogues, en argent et en bronze, au Cabinet impérial de Vienne, et qui, d'après lui, auraient été frappées en Italie au xve siècle, probablement par quelque descendant des Lusignans de Chypre, en souvenir de leur ancêtre Geoffroy la Grand' Dent et de son père Geoffroy Ier, souvent cité pour sa bravoure pendant la troisième croisade.

Geoffroy la Grand' Dent a été le sujet de nombreux romans et de tableaux, gravures et sculptures fantaisistes. Un portrait effrayant de ce personnage se voyait au-dessus de la principale porte du château de Lusignan. Le portrait ici reproduit fut gravé par Claude Vignon, artiste français renommé du xviie siècle.

En 1834, on fit des fouilles dans l'ancienne abbaye de Maillezais ; on y découvrit une tête en pierre, provenant, dit-on, du tombeau de Geoffroy et le représentant. Mais la pierre a subi des chocs et l'on n'y voit plus l'énorme dent. Cependant cette tête garde encore une expression terrible. On peut la voir au Musée lapidaire de Niort (n° 135 du catalogue).

Il existe une charte en vieux langage français, émanant · La charte de Geoffroy. de Geoffroy la Grand' Dent lui-même, datée de 1234, et dont une copie faite par Besly est conservée aux Manuscrits de la Bibliothèque nationale (collection Dupuy, tome DCCCV, fol. 69), dans laquelle il se dit fils de Geoffroy de Lusignan et d'Eustache Chabot décédés, et les recommande aux prières des religieux de la léproserie de Fontenay, en leur concédant le droit de prendre du bois de chauffage dans ses forêts. Ses violences contre le monastère de Maillezais, dont il réclamait l'*avouerie* (patronage des églises et abbayes, établissant une vassalité), du chef de sa mère décédée, avaient attiré sur lui les foudres de l'Église, et il dut se rendre à Spolète en 1232, près de Grégoire IX, pour se faire absoudre et renoncer à ses injustes prétentions. Ces violences contre l'abbaye de Maillezais avaient commencé du temps de Geoffroy son père, qui venait souvent mettre l'abbaye à contribution, avec une foule d'écuyers et de valets, de chiens et de mules. Elles redoublèrent avec Geoffroy la Grand' Dent, qui finit par chasser les religieux et s'installa dans les dortoirs et réfectoires (1). La charte de Spolète montre qu'il avait incendié l'abbaye, et qu'il fut contraint par Rome de lui donner, pour l'indemniser, 4,000 marcs pesant d'argent. Entraîné plus tard dans la révolte de son cousin Hugues X, comte de la Marche, contre saint Louis, Geoffroy se vit forcé de subir la loi du vainqueur après la bataille de Taillebourg.

ndres à Vouvant; tombeau à Maillis.

Il mourut sans postérité, en 1248, dans les sentiments les plus chrétiens, et fut enseveli dans l'église de Vouvant, où on lit, à l'intérieur de l'abside, cette inscription du XIIIe siècle : *Quondam præclarus sed nunc cinis atque favilla* †. Par son testament, il avait choisi sa sépulture dans cette église; mais il y avait aussi dans l'abbaye de Maillezais un monument avec une statue, érigés à la mémoire de Geoffroy qui s'était réconcilié avec les moines. C'est ce monument et cette statue dont parle Rabelais dans *Pantagruel*, au livre II, chapitre v.

« Après, lisant les belles chronicques de ses ancêtres, trouva que Geoffroy de Lusignan, dict Geoffroy à la Grand' Dent, estoit enterré à Maillezais. . . . . arrivarent à Maillezais, où visita le sépulchre dudict Geoffroy à la Grand' Dent, dont il eut quelque peu de frayeur, voyant sa pourtraicture; car il y est en imaige comme d'ung homme furieux, tirant à demy son grand malchus (coutelas) de la

---

(1) Arnauld, *Histoire de Maillezais*.

guaine. Et demandoit la cause de ce. Les chanoines dudict lieu lui dirent que ce n'estoit aultre cause sinon que *pictoribus atque poetis,* c'est-à-dire que les painctres et poëtes ont liberté de paindre à leur plaisir ce qu'ils veulent. »

L'antique château de Lusignan qui était, d'après *de Thou,* le plus fameux et le mieux bâti du royaume, n'existe plus ; on a fait aujourd'hui une promenade publique sur son emplacement. Lusignan est devenu un chef-lieu de canton du département de la Vienne, avec 2,200 habitants, sur la route de Poitiers à la Rochelle. On remarque l'église avec trois nefs, bâtie au xie siècle, remaniée au xve et restaurée de nos jours.

Lusignan aujourd'hui.

Tout passe en ce monde, Dieu seul est éternel ; mais le souvenir des grandes actions comme celui des grandes familles, devient immortel. C'est pourquoi si le château des Lusignans, si les royaumes chrétiens de Jérusalem, de Chypre et d'Arménie n'existent plus, leur souvenir dans l'histoire ne s'éteindra jamais. Toujours le nom de Lusignan sera grand dans le monde ; toujours il sera glorieux et aimé.

CONCLUSION

C'est ainsi que les dignes descendants de la plus illustre
famille de l'Europe, dont l'histoire de plusieurs siècles
enregistre les héroïques exploits et les mâles vertus, ont
offert à leurs contemporains et continuent de leur offrir un
magnifique exemple de dévouement. Au lieu de se livrer
à de vaines compétitions de pouvoir ou de se retrancher
dans une existence oisive et mondaine, les Lusignans appliquent leur vaste intelligence à d'infatigables et utiles travaux.
Cette race royale, si chère au cœur des populations de la
Grèce et de l'Arménie, mérite donc les sympathies de l'Europe
occidentale.

Sans aspiration dynastique, absorbée par des travaux
scientifiques et par la pratique des bonnes œuvres, loin de
rêver la triple couronne de ses ancêtres, elle n'ambitionne
que le développement du progrès, du bien et de la civilisation.

Son Altesse est un grand humanitaire : plein de compassion pour toutes les misères qu'il soulage avec une charité
inépuisable, il a sa porte ouverte à toutes les infortunes.
Comment dès lors s'étonner de la popularité qui entoure
son nom ? Et cependant, malgré son prestige royal, malgré
ses travaux immenses, malgré sa fortune, le très digne prince
Guy est encore un modeste qui n'est bien connu que des

savants. Ne réunit-il pas dans son auguste personne la triple auréole de la science, de la vertu et de la charité ? Ces admirables qualités remplacent aujourd'hui avantageusement les trois couronnes de ses ancêtres.

A la fin d'un magnifique article, la *Revue Contemporaine*, en date du 15 décembre 1889, adressait les paroles suivantes à Son Altesse Royale :

« Si jamais un prince pouvait mériter le respect par son nom seul, c'est, croyons-nous, le prince de Lusignan, si digne d'un des trônes de ses pères, en dépit et à cause même de sa louable modestie. »

Un grand journal américain, connu par ses tendances républicaines, s'exprimait ainsi : « Le prince est un travailleur énergique, si tous les princes lui ressemblaient, on leur pardonnerait facilement leur naissance. »

Le *Patriote du XIX*e *Siècle* disait aussi : « La France peut être fière d'avoir su enchaîner ce savant à son centre de civilisation, car il donne l'exemple de la charité. Jamais ce prince n'a refusé son secours à un Français indigent. Sa fortune appartient aux pauvres, tout son être à la science, c'est-à-dire à la France. »

Ses ouvrages, si précieux pour les orientalistes, mériteraient d'être plus étudiés, puisqu'ils concourent à la mission sublime — elle est chrétienne et française — d'initier les peuples de l'Orient à la civilisation européenne, par la langue et l'influence de notre pays. Mais le temps fera son œuvre.

Nous ne savons quelle destinée Dieu réserve aux augustes descendants de cette Maison souveraine. Nous ne savons si le drapeau antique des Lusignans, grâce à la politique généreuse de l'Angleterre, flottera de nouveau dans l'île de Chypre. Quel que soit l'avenir, nous sommes fiers de posséder un prince si humanitaire, si savant et si distingué dans notre

belle France, qui fut le berceau de sa race ; et nous souhaitons
ardemment, pour les malheureux de Chypre et d'Arménie,
que le triomphe de ses droits lui permette bientôt de tenir le
sceptre indestructible de la charité, comme ses illustres
ancêtres ont tenu celui de la gloire et de la puissance.

Terminons notre travail par la *Lusignane*, charmant
poème d'Abel Letalle :

A Son Altesse Royale
Monseigneur le Prince Guy de Lusignan.

LA LUSIGNANE

Pour loyauté maintenir.

Parmi les noms fameux qu'enregistre l'histoire,
Parmi tous ces soleils et toute cette gloire
　　Qui rayonnent sur l'univers,
Prince, vous êtes grand, vous êtes magnanime !
Et, parmi les géants, vous êtes le sublime !...
　　— Pardonnez à mes humbles vers.

I

Quand le marbre ou l'airain fait revivre à la foule
Les héros, morts vainqueurs, que le lourd canon foule
　　Sous son tonnerre furieux,
Prince, le peuple encense, en son cœur qui délire,
Ces hommes immortels — pour moi, je les admire,
　　Pour en faire un instant des dieux,

Et j'admire leurs fronts, les sachant héroïques,
Leurs fronts que mille éclairs ont rendus si stoïques,
    Leurs fronts éprouvés tant de fois...
Et je me dis : « C'est là que le cœur se reflète,
C'est là que le penseur, c'est là que le poète
    Reconnaît l'homme et ses exploits. »

C'est pourquoi, quand je scrute en ma pensée intime,
Le passé glorieux, je te sens légitime,
    Voix qui parles de souvenir !
L'homme est tombé, c'est bien, l'homme n'a pas de foudre,
Et l'on dit : « C'est un corps qu'on va réduire en poudre ».
    — Non, c'est un cœur pour l'avenir !

Mais, parmi cette page où la gloire énumère,
Pour les siècles futurs, sa valeur si prospère,
    Grave et superbe monument !
Il est de ces débris que le temps éparpille,
Mais, Prince, votre nom en lettres d'or scintille
    Dans un pompeux rayonnement.

II

Oh ! quand nous évoquons aujourd'hui dans nos âmes,
Tous ces preux chevaliers, ces généreuses flammes
    Que la foi mettait dans leur cœur ;
Quand ils allaient, bravant toutes les injustices,
Et toutes les fureurs avec tous les supplices,
    Guidés par la croix du Sauveur !

Oh ! nous sentons alors notre race immortelle
Dans ce transport sacré. — Nous nous disons : « C'est elle,
    La voilà, soleil radieux !
Le voilà, notre sang, c'est le sang de la France ! »
O passé ! montre-nous la divine espérance,
    Et guide-nous par tes aïeux !

Car la foi soutenait leur sublime conquête,
La splendeur des saints lieux auréolait leur tête,
    C'est le ciel qu'ils voyaient s'ouvrir ;
Rien ne les ébranlait dans leur pèlerinage,
Car l'héroïsme était leur plus bel apanage,
    Croyants, ils savaient bien mourir.

III

Et vous, digne héritier de cette illustre race !
O royal Prince Guy ! vous suivez bien la trace
  De ces héros ensevelis !
Par le bien, par le beau, votre âme généreuse
Prodigue ses trésors à la foule pieuse,
  Car votre âme est son paradis.

Maître dans tous les arts, les lettres, la science,
Tout ce qui fait l'honneur, ce qui fait la vaillance,
  Se retrouve en votre cœur d'or.
O Prince ! je salue en votre renommée,
Ce qu'il est de plus grand dans la grande épopée
  Que la France réclame encor.

IV

Mais je sens que je dois un tribut de louanges
A la noble Princesse, aujourd'hui chez les anges,
  Reine pleine de majesté !
— Princesse, reposez au ciel, votre demeure,
Le monde vous bénit — car le monde vous pleure,
  Comme il bénit la charité.

V

Et vous avez gardé votre illustre origine ;
Prince, vous honorez la belle Mélusine
  Qui protège votre maison.
Et nous la saluons, tout autant qu'une reine,
Qui vient non pour montrer sa force souveraine,
  Mais pour orner votre blason.

La patrie, aujourd'hui, renaît à l'espérance.
Gloire à Dieu, gloire à toi, notre immortelle France !
  Gloire à vous ! gloire à vos hauts faits !
Gloire ! — Je vous admire en mon for magnanime,
Héros, pour votre cœur et votre foi sublime,
  Et vous, Prince, pour vos bienfaits.

ABEL LETALLE.

Crèvecœur-le-Grand (Oise).

TABLE DES MATIERES

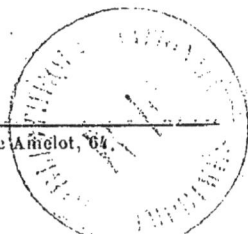

3.96 810. — Paris. Typ. Monnis Père et Fils, rue Amelot, 64.

www.ingramcontent.com/pod-product-compliance
Lightning Source LLC
Chambersburg PA
CBHW062225270326
41930CB00009B/1874